Johann Lafer · Himmlische Sterneküche

Johann Lafer's
Stromburg

Johann Lafer

Himmlische Sterneküche

Bassermann

since 1994

Vorwort

Vollendeter Genuss – für mich sind das frische Kräuter, aromatische Gewürze aus der ganzen Welt, die besten Teile vom Fleisch oder frischer Fisch, schonend gegart: So stelle ich mir die himmlische Sterneküche vor. Für mich gilt: Wer das Einfache nicht schätzt, kann das Raffinierte nicht genießen. Und wer nie auf dem Gipfel des Genusses war, kann die Aussicht nicht beschreiben. Man muss sich im Leben auch mal das Besondere gönnen.

Viel Freude bei der Umsetzung meiner Rezepte wünscht Ihnen

Ihr Johann Lafer

Seit mehr als zwei Jahrzehnten arbeitet Johann Lafer mit höchster Leistung für die schönen Dinge des Lebens: für feinstes Essen und Trinken und für wahre, herzliche Gastfreundschaft. Damit will er Kochkultur und Lebensart den Menschen näher bringen. Ästhetik, Lebensfreude und Genuss vereinen sich hierbei auf die beste Weise. Mit seinem großen Gespür für das Wesentliche hat und wird Johann Lafer niemals seine Wurzeln vergessen und das Beste, was uns die Natur in der heimischen, frischen Küche schenkt, immer wieder aufleben lassen.

Schnelle Modetrends passen nicht in seine Philosophie von Veränderung und Bewahrung, sondern nur gut durchdachte, mit großer Liebe zum Detail entstandene Antworten auf den Wandel der individuellen Lebensweise. Gerade dieser leise Fortschritt in solider, ständiger Weiterentwicklung der eigenen Arbeit schenkt ihm und seinem Team Freude und Erfüllung.

Die Gastfreundschaft von Johann Lafer erleben Sie in Johann Lafers Stromburg. Einer romantischen Burg am Rande des Weinlandes an der Nahe, zu Füßen des Soonwaldes. Hier erwarten Sie Köstlichkeiten für alle Sinne. Und die ganz praktischen Geheimnisse seiner exzellenten Küche erfahren Sie im Table d'Or, der Adresse für Johann Lafers Kochkurse. Dabei kommt es nicht auf Fachwissen an. Viel wichtiger ist eine große Portion Spaß am Kochen und Neugierde auf alles Neue und Köstliche.

Inhaltsverzeichnis

Wissenswertes

Rezepte

Salate und Suppen

Vorspeisen und Snacks

Hauptgerichte mit Fleisch, Geflügel und Wild

Hauptgerichte mit Fisch

Kuchen und Desserts

Beste Qualität für beste Ergebnisse

Ein wirklich gutes Essen zuzubereiten ist gar nicht so schwer. Lust und Liebe zum Kochen und das richtige Rezept sind der Anfang. Entscheidend aber sind frische, gute Zutaten, sorgsamer Umgang mit den Lebensmitteln und das richtige »Handwerkszeug«.

Mousse au Chocolat »Tricolor«

Beste Zutaten – frisch auf den Tisch

Gutes Fleisch, frischer Fisch, Wild aus heimischen Wäldern, saftiges Geflügel, Kartoffeln, Gemüse und Obst aus der Region, frische Eier und Milchprodukte – damit ist der Erfolg in der Küche schon fast vorprogrammiert.

Schmackhaftes Rindfleisch, zartes Kalbfleisch, ein wirklich saftiger Schweinebraten, ein gutes Stück Lamm, fangfrische Forellen, Rehrücken, ein Mastgockel oder eine Flugente sind zwar nicht billig, aber sie lohnen die Ausgabe und einigen Aufwand beim Kochen. Erstklassiges Fleisch schmeckt nicht nur besonders gut, sondern bleibt beim Braten garantiert zart und saftig. Frischer Fisch aus heimischen Flüssen und Seen ist eine Delikatesse. Fangfrische Forellen und Karpfen können Sie direkt bei den zahlreichen Züchtern kaufen.

Die ersten Kartoffeln sind ein besonderer Genuss. Greifen Sie auch hier zu heimischen Produkten, wenn möglich vom Erzeuger. In der Pfalz beispielsweise sind Frühkartoffeln im Juni direkt vom Bauern zu beziehen.

Was schmeckt besser als frisches Gemüse oder knackiger, frisch geernteter Salat aus der Region? Viele Gemüsesorten sind das ganze Jahr über erhältlich. Trotzdem sollten Sie vorwiegend bei ausgesprochenem Saisongemüse zugreifen. Jungen Blattspinat gibt es im März, köstlichen Spargel von April bis Juni, zarte Erbsen und Mangold von Juni bis August.

Auch das saisonale Obstangebot sollten Sie unbedingt nutzen. Erdbeeren – vielleicht sogar aus dem eigenen Garten oder auf einer Erdbeerplantage selbst gepflückt – schmecken im Frühsommer am aromatischsten. Etwas später kommt das übrige Beerenobst auf den Markt, Steinobst hat im Juni und August Hauptsaison.

Gemüse und Obst aus der Region sind besonders frisch. Mit dem Kauf tun Sie zugleich etwas für den Umweltschutz, denn bei heimischen Produkten entfallen aufwendige Kühlung und lange Transportwege.

Achten Sie auch bei Eiern und Milchprodukten auf gute Qualität. Eier direkt vom Bauern schmecken besonders aromatisch und frische Milch vom örtlichen Bauern ist ein wahrer Genuss.

Schließlich sollten Sie auch bei den Grundprodukten wie Mehl, Zucker, Salz, Nudeln, Reis, Öl und Bratfett auf gute Qualität Wert legen. Vielleicht bereichern Sie Ihre Küche auch mit einem besonderen Essig, wie ihn seit einiger Zeit zahlreiche Winzer anbieten.

Kräuter und Gewürze

Kräuter und Gewürze sind unentbehrlicher Bestandteil nahezu aller Speisen. Ob mediterraner Touch, der Duft der orientalischen Küche oder asiatische Schärfe – Gewürze spielen die entscheidende Rolle. Fertig gemahlene Gewürze verlieren sehr schnell an Duft und Geschmack. Verwenden Sie deshalb möglichst frisch gemahlene Gewürze. Gut geeignet sind die Gewürzmühlen Ceramill vom WMF. Die Mahlwerke aus Keramik zerkleinern die Gewürze optimal und setzen die für Duft und Geschmack wichtigen ätherischen Öle frei. Wenn Sie häufig Kräuter zum Kochen verwenden, lohnt die Anschaffung einer Kräutermühle. Vielleicht wird sie ja das nächste Weihnachtsgeschenk.

Bei Gewürzen bekannter Hersteller ist die Gefahr einer Schadstoffbelastung gering. Lagern Sie Gewürze stets kühl und unter Lichtabschluss.

Knollengewürze wie Knoblauch und frischer Ingwer müssen in luftdurchlässigen Körben oder Tontöpfen gelagert werden, damit sie nicht faulen.

Frische Kräuter verlangen sorgsame Behandlung, damit sie ihr Aroma nicht verlieren. Schneiden Sie die Stiele an und entfernen die Gummiringe, mit denen die Kräuter oft zusammengehalten werden. Stellen Sie die Kräuter sofort nach dem Einkauf oder der Ernte in kaltes Wasser – oder noch besser, Sie lagern sie in Frischhaltebehältern (Top-Serve-Schalen).

Was wäre ein gutes Essen ohne Gewürze? Frisch gemahlen sind sie unvergleichlich aromatisch

Gute Töpfe und Pfannen nicht nur für Profis

Auch beim »Handwerkszeug«, den Töpfen und Pfannen, zahlt sich gute Qualität auf lange Sicht aus. Es gibt Töpfe aus Edelstahl, Aluminium, Email, Gusseisen, Glas oder Porzellan. Edelstahltöpfe sind besonders empfehlenswert. Sie eignen sich für die Zubereitung der meisten Gerichte und verbinden verschiedene Kocheigenschaften hervorragend. Gute Edelstahltöpfe haben einen so genannten Sandwichboden. Kupfer und Aluminium, beides optimale Wärmeleiter, sind als Legierung in den Topfboden eingearbeitet wie der Belag auf einem Sandwich. Der völlig plane Boden nimmt die Wärme optimal von der Herdplatte auf. Bei einem 2–3 mm dicken oder noch besser extra verstärkten Boden wird die Hitze gut verteilt und gleichmäßig an das Kochgut abgegeben. Die Töpfe aus den verschiedenen Kochgeschirr-Reihen von WMF bieten Ihnen diesen Komfort.

Auch auf die Qualität der Topfgriffe sollten Sie achten. Im Gegensatz zum Topfboden sollen sie die Hitze nicht leiten, damit Sie sich beim Anfassen nicht verbrennen. Gute Topfgriffe sind spülmaschinenfest. Achten Sie auch auf einen dicht schließenden Deckel. Das ist für Energie sparendes Kochen und Garen wichtig. Welche Töpfe Sie benötigen, hängt von Ihren Kochgewohnheiten und davon ab, welche Gerichte Sie häufig zubereiten. Töpfe mit 1,5–3 l Inhalt (das entspricht einem Durchmesser von 16–20 cm) entsprechen den meisten Anforderungen.

Wichtig für gute Töpfe: Ein gerader Boden, der plan auf der Herdplatte aufliegt

Mit einem Schnellkochtopf sparen Sie bis zu 70 % Zeit und 40 % Energie gegenüber dem herkömmlichen Garen ein. Zudem bleiben Nährstoffe und Vitamine bei kurzem Kochen besser erhalten.

Auch bei Pfannen ist eine gute Qualität entscheidend. Wichtig ist die Größe der Pfanne, denn bei zu viel Bratgut sinkt die Temperatur stark ab und die Lebensmittel werden nicht gleichmäßig angebraten oder die Poren des Fleisches schließen sich nicht schnell genug. Ist die Pfanne zu groß, wird das Fett leicht zu heiß und kann verbrennen. Beschichtete Pfannen sind ideal für fettarmes Braten und die Zubereitung von Eierspeisen, Fisch oder Geflügel. Diese Pfannen dürfen nicht zu stark erhitzt werden. Toll sind die Pfannen mit Deckel, in denen können Sie nämlich auch dünsten. Der Deckel verkürzt außerdem die Garzeit.

Messer, Schäler und Co.

Gute Messer sind teuer, ihre Anschaffung lohnt sich aber. Kaufen Sie lieber weniger, dafür aber qualitativ hochwertige Messer. Für einen normalen Haushalt reichen für den Anfang ein Gemüsemesser, ein Fleischmesser, ein Kochmesser und ein

Gutes Schneidewerkzeug – scharfe Messer und stabile Schneidbretter erleichtern die Arbeit in der Küche enorm

Schinkenmesser. Wichtig sind geschmiedete Klingen. Sie bleiben länger scharf als gestanzte. Die Klinge soll ohne Fugen in den Schaft übergehen, damit sich kein schwer zu entfernender Schmutz festsetzen kann. Achten Sie beim Kauf auf einen Fingerschutz am Griff, der das Abrutschen in die Klinge verhindert.

Beim Zerlegen von Geflügel sind ein Tranchierbesteck und eine Geflügelschere sinnvoll. Außerdem gehört in jede Küche eine stabile Küchenschere zum Aufschneiden von Milch- und Safttüten, Gemüseverpackungen usw.

Wichtig ist auch ein Sparschäler. Er erlaubt dünnes Schälen von Obst, Gurken und Kartoffeln; mit der Spitze können schadhafte Stellen ausgestochen werden. Ob Sie Kunststoff- oder Holzkochlöffel bevorzugen, ist eine Geschmacksfrage. Kunststofflöffel sind im Gegensatz zu Holzlöffeln jedoch spülmaschinenfest. Qualität macht sich auch bei einer stabilen, funktionstüchtigen Knoblauchpresse und bei Schneebesen bezahlt.

Schließlich sollten Metallsiebe, Schneidebretter und Schaumlöffel zu Ihrer Küchenausrüstung gehören. Schneidbretter aus Kunststoff lassen sich leicht abwaschen und auch mal in der Spülmaschine reinigen. Achten Sie beim Kauf darauf, dass die Bretter nicht von der Unterlage rutschen.

Der Herd

Ob Sie sich für einen Herd mit Elektroplatten, einem Ceranfeld oder für das Kochen mit Gas entscheiden, ist für das Gelingen eines guten Essens nicht maßgeblich. Jede Herdart hat Vor- und Nachteile. Besonders vorteilhaft ist ein Induktionsherd. Durch elektromagnetische Felder wird nur der Topfboden erhitzt, der restliche Herd bleibt kalt und überkochende Flüssigkeit oder spritzendes Fett können nicht einbrennen. Allerdings eignen sich für das Induktionskochen nur spezielle Töpfe und Pfannen.

Eine Auswahl von feinen und groben Reiben aus Edelstahl sollte in keiner Küche fehlen

Tipps und Tricks aus meiner Küche

Planen Sie die Zubereitung. Vor allem, wenn Sie ein komplettes Menü kochen, sollten Sie rechtzeitig mit den Vorbereitungen beginnen und alle benötigten Utensilien bereitstellen.

Gute Vorbereitung zahlt sich nämlich aus. Eine wesentliche Erleichterung ist es, wenn Sie vor dem eigentlichen Kochen beispielsweise die Zutaten putzen, waschen und klein schneiden. Lassen Sie die Lebensmittel aber nicht zu lange im Warmen oder an der Luft stehen. Manches Gemüse oder Obst verfärbt sich unter Sauerstoffeinfluss und wird unansehnlich.

Ordnung ist das halbe Leben. Nicht nur eine zweckmäßig eingerichtete Küche erleichtert die Arbeit. Besonders in einer kleinen Küche, in der es an Stellplatz mangelt, ist es wichtig, zwischendurch mal aufzuräumen und nicht mehr benötigtes Geschirr, Töpfe und Besteck zu spülen.

Betreiben Sie Vorratshaltung. Es erleichtert Ihre Vorbereitungen ungemein, wenn Sie nicht jede Kleinigkeit erst einkaufen müssen. Folgende Vorräte sollten feste Bestandteile Ihrer Küche sein: Salz, Zucker, Mehl, Speisestärke, Paniermehl, Oliven- und neutrales Pflanzenöl, Bratfett, brauner und weißer Aceto Balsamico, Reis, Nudeln und Kartoffeln, Zwiebeln und Knoblauch und natürlich verschiedene Gewürze. Sie sollten Ihre Vorräte ständig ergänzen und Lebensmittel mit abgelaufenem Haltbarkeitsdatum ersetzen. Auch in Ihrem Tiefkühlgerät sollten einige Vorräte lagern, etwa verschiedene Fonds und Obstpüree.

Manche Zutaten, die es fertig zu kaufen gibt, können Sie leicht selbst zubereiten. Frisch hergestellte Kräuterbutter beispielsweise schmeckt wesentlich besser als die meisten Fertigprodukte. Garantiert! Denken Sie beim Kochen auch gleich an die Resteverwertung. Kochen Sie eine größere Menge Suppe auf Vorrat oder bereiten Sie aus den für ein Gericht nicht benötigten Fleisch- und Gemüseabschnitten einen Fond zu.

Klar, dass für eine gesunde Ernährung ein sparsamer Umgang mit Fett besonders wichtig ist. Binden Sie also die nächste Suppe statt mit Sahne einfach mit etwas in kaltem Wasser angerührter Speisestärke oder mit fein geriebenen Kartoffeln und verfeinern Sie diese mit frischen Kräutern. Sie können auch Saucen oder einen Fond leicht entfetten. Lassen Sie dafür den Fond im Kühlschrank vollständig abkühlen und nehmen Sie das Fett mit einem Löffel oder einer Schaumkelle ab. Von einem warmen Fond oder einer warmen Sauce können Sie das Fett vorsichtig mit einem Löffel abschöpfen oder mit einem Küchenkrepp absaugen.

Wenn Sie auf salzarme Ernährung achten müssen, geben frische Kräuter und intensiv duftende Gewürze Ihren Gerichten viel Geschmack. Insbesondere Seefisch eignet sich gut für eine salzreduzierte Zubereitung.

Die Regel »Derselbe Wein zum Kochen wie zum Essen« bedeutet nicht, dass Sie eine teure Auslese an den Schmorbraten gießen sollen. Verwenden Sie aber auch zum Kochen einen qualitativ hochwertigen Wein, nur dann schmeckt das Gericht auch richtig »rund«.

Hinweise zu den Rezepten

Damit beim Nachkochen nichts schief gehen kann, hier noch einige Hinweise:

Die Zeitbegriffe bei den Rezepten sollen Ihnen helfen, den Arbeitsaufwand möglichst gut einzuschätzen. Da teilweise komplette Hauptgerichte mit Beilagen, zum Teil aber auch nur eine Suppe oder eine Vorspeise beschrieben werden, lassen sich die beiden Begriffe »geht schnell« und »braucht Zeit« nicht exakt in Minuten messen.

Gerichte, die in maximal 1 Stunde fertig zubereiten sind, sind mit dem Begriff »geht schnell« gekennzeichnet. Dauert die Zubereitung länger, fallen die Rezepte unter die Kategorie »braucht Zeit«.

Die Abkürzungen

Damit mehr Platz für die Erklärungen bleibt, wurden im folgenden Rezeptteil einige Begriffe in der Zutatenliste abgekürzt. Im Folgenden finden Sie eine Aufstellung der verwendeten Abkürzungen und ihrer Bedeutung.

EL = Esslöffel (gestrichen)
TL = Teelöffel (gestrichen)
Msp. = Messerspitze
ml = Milliliter
l = Liter
g = Gramm
kg = Kilogramm
cm = Zentimeter
TK-... = Tiefkühl-...

Salate und Suppen

Kartoffel-Kräuter-Schaum mit Feldsalat und warmer Speckvinaigrette

4 Personen braucht Zeit

für den Kartoffel-Kräuter-Schaum

½ kg mehlig kochende Kartoffeln
Salz
100 ml Milch
80 g Butter
2 EL geschlagene Sahne
2 EL gehackte Kräuter (Kerbel, Petersilie, Schnittlauch)
schwarzer Pfeffer
geriebene Muskatnuss

für die Vinaigrette

150 g Räucherspeck
20 ml Rapsöl
2 EL Schalottenwürfel
60 ml Fleischbrühe
3–5 EL weißer Aceto Balsamico
4 EL Walnussöl
Salz
1 Msp. gemahlener Kümmel

für den Salat

200 g Feldsalat

für die Kartoffelchips

1 kleine rohe Kartoffel
4 EL Butterschmalz
schwarzer Pfeffer

Für den Kartoffel-Kräuter-Schaum den Backofen auf 180 °C (Umluft 160 °C; Gas Stufe 2) vorheizen. Die Kartoffeln waschen und in Salzwasser etwa 10 Minuten kochen lassen. Das Wasser abgießen, die Kartoffeln mit der Schale in Alufolie wickeln und im heißen Ofen etwa 45 Minuten garen. Herausnehmen, ausdämpfen lassen und schälen.

Die Milch mit der Butter kurz aufkochen. Die heißen Kartoffeln in die kochende Milch-Butter-Mischung pressen. Die Sahne und die Kräuter darunter rühren und das Püree mit Salz, Pfeffer und Muskat abschmecken. Die Masse mit einem Schneebesen so lange rühren, bis sie homogen ist.

Für die Speckvinaigrette den Speck würfeln. Das Rapsöl in einer Pfanne erhitzen und die Speckwürfel darin nicht zu scharf anbraten. Die Schalottenwürfel zufügen und alles mit der Fleischbrühe ablöschen. Die Pfanne kurz vom Herd nehmen, den Aceto Balsamico dazugießen, die Pfanne wieder auf den Herd stellen und alles leicht einkochen. Die Pfanne erneut vom Herd nehmen. Nach und nach das Walnussöl unterrühren. Mit Salz und Kümmel abschmecken.

Den Feldsalat waschen, putzen und in der Salatschleuder gründlich trocknen. Den Kartoffel-Kräuter-Schaum mit dem Spritzbeutel kreisförmig auf 4 Teller spritzen und darin den Feldsalat dekorativ anrichten. Das Ganze mit der Speckvinaigrette beträufeln.

Für die Kartoffelchips die Kartoffeln schälen und in dünne Scheiben schneiden. Das Schmalz erhitzen, die Scheiben darin ausbacken. Herausnehmen, auf Küchenkrepp abtropfen lassen, salzen und über den Salat streuen.

Kartoffel-Keimlings-Küchlein mit Salat von Hähnchenbrust und Keimlingen

4 Personen
braucht Zeit

für die Küchlein

75 ml Milch
½ Würfel frische Hefe
125 g Mehl
100 g gemischte Keimlinge
20 ml Rapsöl
200 g gekochte Kartoffeln
Salz, schwarzer Pfeffer
geriebene Muskatnuss
3 Eier
2 EL grob gehackte Petersilie
2 EL Rapsöl zum Backen

für die Marinade

50 g Zucker
Saft von 2 Limetten
200 ml Gemüsebrühe
50 ml Rapsöl

für den Salat

3 EL Rapsöl
2 küchenfertige Hähnchenbrüste
Salz, schwarzer Pfeffer
1 Kopf Endiviensalat
8 Frühlingszwiebeln
280 g gemischte Keimlinge
2 Tomaten

Für die Küchlein die Milch lauwarm erwärmen. Die Hefe darin auflösen und die Hefemilch mit dem Mehl verrühren. Die Keimlinge waschen und trocknen. Das Rapsöl erhitzen und die Keimlinge darin kurz anbraten. Die Kartoffeln durch die Kartoffelpresse drücken. Mit den Keimlingen zur Mehlmischung geben. Mit Salz, Pfeffer und Muskat würzen und alles vermischen.

Die Eier trennen. Die Eiweiße mit einer Prise Salz steif schlagen. Die Eigelbe unter die Teigmasse rühren. Eischnee und Petersilie unterheben. Den Teig 30 Minuten zugedeckt gehen lassen. Dann das Rapsöl erhitzen und darin aus dem Teig Küchlein ausbacken.

Für die Marinade den Zucker leicht karamellisieren. Mit dem Limettensaft ablöschen, mit der Gemüsebrühe auffüllen und die Mischung einkochen lassen. Anschließend abkühlen lassen und das Rapsöl langsam mit einem Stabmixer darunter mixen.

Für den Salat das Rapsöl in einer Pfanne erhitzen. Die Hähnchenbrüste darin anbraten. Mit Salz und Pfeffer würzen. Mit etwas Marinade ablöschen und alles leicht einkochen lassen.

Die Pfanne vom Herd nehmen, das Fleisch etwas abkühlen lassen und in Scheiben schneiden. Den Salat putzen, in Streifen schneiden und waschen. Die Frühlingszwiebeln putzen, waschen und in Streifen schneiden. Die Keimlinge waschen und abtropfen lassen. Die Tomaten überbrühen, enthäuten, entkernen und in Stifte schneiden. Den Salat mit Keimlingen und Frühlingszwiebeln mischen. Hähnchenbruststreifen und Tomatenstifte darauf streuen. Mit Salz und Pfeffer würzen und mit der Marinade beträufeln. Auf Tellern verteilen und die Küchlein darauf anrichten.

Carpaccio von Roter Bete und Kartoffel mit gebratenen Saiblingsfilets

4 Personen
braucht Zeit

für das Carpaccio
2 Knollen Rote Bete
300 g Kartoffeln (Bamberger Hörnchen)
Salz
4 Saiblingsfilets
20 g Butterschmalz
schwarzer Pfeffer
1 Schalotte
2 Knoblauchzehen
2 Thymianzweige
1 Rosmarinzweig
20 g Butter
Friséesalat und Kerbel zum Garnieren

für die Marinade
3 EL Olivenöl
1 ½ EL Weißweinessig
2 EL Fischfond
Schale von 1 Limette
Salz
schwarzer Pfeffer
½ EL gehackte Petersilie
½ EL Schnittlauchröllchen

Den Backofen auf 170 °C (Umluft 150 °C; Gas Stufe 2) vorheizen. Die Rote Bete waschen, in Alufolie wickeln und im heißen Ofen etwa 1 Stunde 30 Minuten garen.

Die Kartoffeln waschen und in Salzwasser garen. Rote Bete und Kartoffeln noch warm schälen, abkühlen lassen und in dünne Scheiben schneiden.

Die Saiblingsfilets von den Gräten befreien. In einer Pfanne das Butterschmalz erhitzen, die Saiblingsfilets darin anbraten und mit Salz und Pfeffer würzen.

Die Schalotte schälen und halbieren, die Knoblauchzehen schälen und andrücken. Den Thymian und Rosmarin waschen und trockenschütteln. Mit den halbierten Schalotten und den Knoblauchzehen zu den Fischfilets in die Pfanne geben. Die Fischfilets bei schwacher Hitze braten, bis sie gar sind. Dann die Schalotten, Knoblauchzehen und Kräuter aus der Pfanne nehmen.

Die Butter in der Pfanne zerlassen und den Fisch damit überziehen. Die Rote-Bete-Scheiben abwechselnd mit den Kartoffelscheiben kreisförmig auf Tellern anrichten und mit Salz und Pfeffer würzen.

Für die Marinade das Öl in die gleiche Pfanne geben, in der die Fischfilets gebraten wurden. Essig mit Fond und Limettenschale zufügen. Salzen, pfeffern und etwas einkochen lassen.

Die Fischfilets auf den Rote-Bete- und Kartoffelscheiben anrichten. Petersilie und Schnittlauch in die Marinade geben und diese über dem Carpaccio verteilen. Mit Friséesalat und Kerbel garnieren.

Schaumsuppe von Feldsalat mit Speckcroûtons

4 Personen
braucht Zeit

für die Schaumsuppe

2 Schalotten
20 g Butter
100 ml Weißwein
800 ml Fleischbrühe
Salz
schwarzer Pfeffer
150 g Feldsalat
1 Knoblauchzehe
11 EL Rapsöl
300 g Sahne
Chili aus der Gewürzmühle
4 EL geschlagene Sahne

für die Speckcroûtons

4 Scheiben Weißbrot
2 EL gewürfelter Räucherspeck

Die Schalotten schälen und fein würfeln. Die Butter erhitzen, die Schalotten darin dünsten und mit dem Weißwein ablöschen. Das Ganze mit der Fleischbrühe auffüllen, salzen, pfeffern und einkochen lassen.

Inzwischen den Feldsalat waschen, putzen und trockenschleudern. Den Knoblauch schälen und hacken. Mit dem Feldsalat und 9 EL Rapsöl in ein hohes Gefäß geben und mit dem Stabmixer sehr fein pürieren.

Die Sahne zu der Fleischbrühe geben und alles nochmals um die Hälfte einkochen lassen. Nach Belieben nochmals mit Salz und Pfeffer abschmecken. Die Suppe mit dem Stabmixer schaumig aufschlagen. Den pürierten Feldsalat darunter mixen. Mit Chili abschmecken und die geschlagene Sahne unterheben.

Das Weißbrot in etwa 1 cm große Würfel schneiden. Das übrige Rapsöl in einer Pfanne erhitzen. Die Brot- und Speckwürfel darin kross anbraten. Herausnehmen und in der Suppe servieren.

Schaumsuppe vom jungen Knoblauch

4 Personen
geht schnell

für die Suppe
100 g junge Knoblauchzehen
4 EL gesalzene Butter
etwas Wermut
1/8 l Weißwein
3/4 l Geflügelfond
Salz, schwarzer Pfeffer
100 g Sahne
100 g Crème fraîche
2 Scheiben Toastbrot
2 EL Olivenöl
3 EL geschlagene Sahne

für die Knoblauch-Chips
8 Knoblauchzehen
100 g Olivenöl

Für die Suppe den Knoblauch schälen und in dünne Scheiben schneiden. Die Butter in einem Topf zerlassen und die Knoblauchscheiben darin andünsten. Mit dem Wermut ablöschen und den Weißwein sowie den Geflügelfond angießen. Das Ganze etwas einkochen lassen. Mit Salz und Pfeffer würzen. Sahne und Crème fraîche unterrühren und die Suppe einkochen lassen, bis sie sämig ist. Mit Salz und Pfeffer abschmecken.

Das Toastbrot entrinden und klein würfeln. Das Olivenöl in einer Pfanne erhitzen. Die Brotwürfel darin goldgelb braten.

Für die Knoblauch-Chips den Knoblauch schälen und in feine Scheiben schneiden. Das Olivenöl erhitzen und den Knoblauch darin knusprig ausbacken. Auf Küchenkrepp gut abtropfen lassen.

Die Suppe mit dem Stabmixer schaumig aufschlagen und die geschlagene Sahne unterheben. In tiefe Teller füllen, die Brotwürfel und die Knoblauch-Chips darauf streuen.

Vorspeisen und Snacks

Überbackene Spargelroulade mit Limettenhollandaise

4 Personen
braucht Zeit

für die Roulade

20 g Butter
120 g Mehl
2 Eigelb
1 Ei
¼ l Milch
Salz
2 EL gehackte Kräuter
40 g Butterschmalz
½ Limette
150 g Crème fraîche
8 Scheiben Räucherlachs

für den Spargel

8 Stangen weißer Spargel
2–3 Schalotten
1–2 Knoblauchzehen
50 g Butter
Salz, schwarzer Pfeffer
1 Zitrone
2 Zweige frischer Estragon
100 ml Weißwein

für die Hollandaise

5 Eigelb
1 Limette
Salz
140 g weiche Butter

Die Butter zerlassen. Mit dem Mehl, den Eigelben, dem Ei, der Milch und Salz in einer Schüssel mit dem Stabmixer zu einem Crêpeteig verarbeiten. Die Kräuter unterrühren. In einer Pfanne 10 g Butterschmalz erhitzen. Etwas Teig darin verteilen und auf beiden Seiten hellbraun backen. Aus dem übrigen Teig im restlichen heißen Butterschmalz 3 dünne Crêpes backen.

Den Spargel schälen und die Enden abschneiden. Die Schalotten schälen und würfeln. Den Knoblauch schälen und hacken. Die Butter in einem Topf erhitzen, die Schalotten und den Knoblauch darin glasig dünsten. Den Spargel dazugeben und anbraten, ohne dass die Stangen Farbe annehmen. Mit Salz und Pfeffer würzen.

Die Zitrone schälen, dabei auch die weiße Haut entfernen, und in Scheiben schneiden. Den Estragon waschen, trocknen und mit den Zitronenscheiben zum Spargel geben. Mit dem Weißwein aufgießen und zugedeckt etwa 15 Minuten garen. Herausnehmen und abkühlen lassen.

Die Limettenhälfte heiß waschen. Die Schale abreiben, den Saft auspressen. Mit der Crème fraîche verrühren und salzen. Die Crêpes mit der Creme bestreichen. Den Lachs darauf legen. Auf jede Crêpe 2 Spargelpitzen legen und das Ganze fest einrollen.

Den Backofen auf 225 °C (Umluft 200 °C; Gas Stufe 4) vorheizen. Vom Spargelsud 100 ml abmessen. Die Limette heiß waschen. Die Schale abreiben und den Saft auspressen. Mit Spargelsud und Eigelben über einem heißen Wasserbad aufschlagen und salzen. Dann 120 g Butter zufügen und alles glatt rühren. Eine Form mit der übrigen Butter ausfetten. Die Spargelrouladen hineinlegen und mit der Hollandaise überziehen. Im Ofen 15 Minuten überbacken.

Überbackene Kürbisschnecken auf kalter Spinat-Rucola-Sauce

4 Personen braucht Zeit

für die Kürbisschnecken
200 g Mehl
50 g Grieß
2 EL Olivenöl
Salz
7 Eigelb
2 EL warmes Wasser
3 EL Zitronenöl
2 EL Schalottenwürfel
1 EL gehackter Knoblauch
400 g Kürbisfleisch
1 EL Honig
2 EL weißer Aceto Balsamico
schwarzer Pfeffer
Kümmel aus der Gewürzmühle
210 g Sahne
1 EL gehackte Petersilie
Butter für die Form
60 ml Gemüsebrühe
Chili aus der Gewürzmühle
80 g geriebener Bergkäse

für die Sauce
150 g Blattspinat
80 g Rucola
Salz, schwarzer Pfeffer
2 EL Kürbiskernöl
100 ml kalte Brühe
2 EL Zitronenöl
Saft von ½ Zitrone

Mehl, Grieß, Olivenöl, Salz, Eigelbe und Wasser zu einem glatten Teig verarbeiten, in Frischhaltefolie wickeln und etwa 1 Stunde in den Kühlschrank stellen.

Für die Füllung das Zitronenöl in einer Pfanne erhitzen. Die Schalottenwürfel und den Knoblauch darin glasig dünsten. Den Kürbis schälen, putzen, grob reiben, dazugeben und mitbraten.

Den Honig hinzufügen. Das Kürbisgemüse so lange garen, bis es glänzt. Mit dem Essig ablöschen. Mit Salz, Pfeffer und Kümmel abschmecken. 150 g Sahne unterrühren und das Ganze so lange einkochen, bis eine cremige Masse entsteht. Anschließend die Petersilie unterrühren und die Pfanne vom Herd nehmen.

Eine Auflaufform mit Butter ausfetten. Den Nudelteig mit der Nudelmaschine ausrollen, sodass 30 cm lange Streifen entstehen. Diese mit der Füllung bestreichen und zusammenrollen. Die Rollen in 3 cm lange Stücke schneiden, aufrecht in die Form setzen.

Den Backofen auf 180 °C (Umluft 160 °C; Gas Stufe 2) vorheizen. Die übrige Sahne mit der Brühe aufkochen, mit Salz und Chili würzen und über die Schnecken gießen. Mit Käse bestreuen und im heißen Ofen auf der mittleren Schiene etwa 30 Minuten backen.

Für die Sauce den Spinat putzen und in Stücke zupfen. Den Rucola putzen und mit dem Spinat waschen. In kochendem Salzwasser blanchieren, abschrecken, ausdrücken und grob hacken. Mit Kürbiskernöl, Brühe, Zitronenöl und Zitronensaft im Mixer pürieren. Salzen und pfeffern. Die Sauce auf Teller geben. Die Schnecken darauf setzen. Mit frittierten Rote-Bete-Chips und Dill garnieren.

Kirsch-Sellerie-Tarte

4 Personen braucht Zeit

für den Teig

200 g Mehl
Salz
150 g zimmerwarme Butter
3 EL Wasser
Butter und Mehl für die Form

für den Belag

300 g Knollensellerie
Salz
300 g Süßkirschen
2 EL Honig
4 EL Aceto Balsamico
300 g Spinat
80 ml Hühnerbrühe
150 g Sahne
Chili aus der Gewürzmühle
1 Ei
3 Eigelb

Für den Teig das Mehl mit dem Salz vermischen. Die Butter in Würfel schneiden und zu dem Mehl geben. Die Zutaten mit dem Wasser zu einem glatten Teig verkneten.

Den Teig zu einer Kugel formen, in Frischhaltefolie wickeln und 2 Stunden im Kühlschrank kalt stellen. Eine Tarteform von 28 cm Durchmesser mit Butter ausfetten und mit Mehl ausstreuen. Den Teig auf einer bemehlten Arbeitsfläche dünn ausrollen und in die Form legen.

Für den Belag den Sellerie schälen und fein würfeln, in Salzwasser blanchieren und kalt abschrecken. Die Kirschen waschen, putzen und entsteinen. Den Honig in einer Pfanne schmelzen, die Kirschen dazugeben, kurz glasieren und mit Aceto Balsamico ablöschen. Beiseite stellen und abkühlen lassen.

Den Spinat waschen, putzen, blanchieren, kalt abschrecken und grob hacken. Die Selleriewürfel mit dem Spinat auf dem Teig verteilen. Die Kirschen gleichmäßig darauf geben.

Den Backofen auf 180 °C (Umluft 160 °C; Gas Stufe 2) vorheizen. Die Hühnerbrühe aufkochen lassen, die Sahne unterrühren und alles mit Salz und Chili würzen. Vom Herd nehmen und Ei sowie Eigelbe hinzufügen und alles glatt rühren.

Die Masse auf die Tarte gießen und diese im heißen Ofen etwa 35 Minuten backen. Dazu einen Kopfsalat, der mit gerösteten Walnusskernen, Walnussöl, weißem Aceto Balsamico, Salz und Pfeffer angemacht ist, servieren.

Riesengarnelen im Kartoffelmantel auf Asia-Gemüsenudeln und Thaisud

4 Personen
geht schnell

für die Garnelen

2 große Kartoffeln
6–8 Riesengarnelen
Öl zum Frittieren

für den Thaisud

2 Knoblauchzehen
150 ml Hummerfond (aus dem Glas)
1 EL süße Chilisauce
1 TL Curry
1 TL gehackter Ingwer
50 g kalte Butter
1 EL gehackter Koriander
2 EL geschlagene Sahne

für die Gemüsenudeln

½ rote Paprikaschote
½ gelbe Paprikaschote
80 g Mangold
80 g Chinakohl
10 g Mu-Err-Pilze
2 EL Sesamöl
400 g gekochte Singapurnudeln
2 Knoblauchzehen
1 TL gehackter Ingwer
2 EL Austernsauce
3 EL süße Chilisauce
1 TL Curry
1 TL Kurkuma
½ EL gehackter Koriander
etwas Kerbel zum Garnieren

Die Kartoffeln schälen, waschen und mit einer Gemüseschneidemaschine in Spaghettiform schneiden. Die Riesengarnelen ausbrechen und säubern. Die Garnelen in die Kartoffelspaghetti einwickeln.

Die Knoblauchzehen schälen und fein hacken. Den Hummerfond mit dem Knoblauch, 1 EL Chilisauce, 1 TL Curry und 1 TL Ingwer aufkochen. Den Sud mit dem Multimesser des Zauberstabs pürieren.

Die Paprikaschoten, den Mangold und den Chinakohl putzen, waschen und in schmale Streifen schneiden. Die Mu-Err-Pilze in warmem Wasser einweichen, ausdrücken und fein hacken.

Das Sesamöl erhitzen und die Paprikastreifen darin anschwitzen. Die Mu-Err-Pilze und die Nudeln hinzufügen. Die Mangold- und Chinakohlstreifen dazugeben und den Knoblauch, den Ingwer, die Austernsauce, die süße Chilisauce, Curry und Kurkuma untermischen und noch kurz braten, dann von der Flamme nehmen. Zum Schluss 1 EL gehackten Koriander unterheben.

Das Frittieröl auf ca. 170 °C erhitzen und die Garnelen darin goldbraun ausbacken. In der Zwischenzeit die kalte Butter stückchenweise mit der Schlagscheibe des Zauberstabs in den Thaisud mixen, bis die Sauce schaumig ist. Den Koriander und die geschlagene Sahne unterrühren.

Die Asia-Gemüsenudeln auf 4 Tellern anrichten, die frittierten Riesengarnelen darauf legen und den Thaisud um die Nudeln verteilen. Mit gewaschenen Kerbelblättchen garnieren.

Gebackene Buchweizencrêpetorte mit Kopfsalat

4 Personen
braucht Zeit

für die Crêpes
25 g flüssige Butter
¼ l Milch
3 Eier
80 g Buchweizenmehl
Salz
40 g Butterschmalz

für die Füllung
1 rote Paprikaschote
1 gelbe Paprikaschote
2 Schalotten
1–2 Knoblauchzehen
1 Zucchini
1 Aubergine
2 EL Olivenöl
1 EL Tomatenmark
Chili aus der Gewürzmühle
Salz
150 ml Tomatensaft
4 Tomaten
200 g geriebener Parmesan
10 Basilikumblätter
60 g Sahne
1 Eigelb
schwarzer Pfeffer

für den Salat
1 Kopfsalat
Salz
3 EL Olivenöl
2 EL weißer Aceto Balsamico

Die Butter zerlassen und abkühlen lassen. Mit Milch, Eiern, Mehl und Salz mit dem Stabmixer zu einem glatten Teig verarbeiten. Etwas Schmalz in einer Pfanne erhitzen und darin aus dem Teig goldbraune Pfannkuchen backen.

Backofen auf 200 °C (Umluft 180 °C; Gas Stufe 3) vorheizen. Paprikaschoten halbieren, putzen und waschen. Im Ofen garen, bis die Haut braun wird. Herausnehmen, mit einem feuchten Tuch bedecken, kurz stehen lassen, enthäuten und würfeln. Schalotten und Knoblauch schälen und würfeln. Zucchini und Aubergine waschen, putzen und würfeln.

Olivenöl erhitzen. Schalotten und Knoblauch darin glasig dünsten. Paprika, Zucchini und Aubergine zufügen und anbraten. Tomatenmark unterrühren. Mit Chili und Salz würzen und mit Tomatensaft auffüllen. Köcheln lassen, bis die Flüssigkeit fast eingekocht ist. Inzwischen die Tomaten überbrühen, abschrecken, enthäuten, entkernen und würfeln.

Vom Parmesan 50 g beiseite stellen. Backofen auf 180 °C (Umluft 160 °C; Gas Stufe 2) einstellen. Einen Tortenring von 22 cm Durchmesser auf ein Blech setzen. Einen Pfannkuchen hineinlegen, etwas Füllung darauf streichen, eine Teil der Tomaten darauf geben, die Basilikumblätter darauf verteilen und einen Teil Parmesan darüber streuen. Einen weiteren Pfannkuchen darauf legen und den Vorgang wiederholen, bis der Tortenring gefüllt ist.

Die Sahne halb steif schlagen. Mit Eigelb und dem übrigen Parmesan verrühren. Mit Salz und Pfeffer würzen und auf die Torte streichen. Im Ofen 30 Minuten backen.

Den Kopfsalat waschen, putzen und trocknen. Mit Salz, Olivenöl und Essig marinieren. Auf Tellern anrichten und ein Stück der Buchweizencrêpetorte darauf setzen.

Ricotta-Garnelen-Ravioli in Pilzvinaigrette

4 Personen
braucht Zeit

für die Füllung

80 g Ricotta
2 Knoblauchzehen
3 küchenfertige Riesengarnelen
1 Eigelb
½ EL gehackter Thymian
½ EL gehacktes Basilikum
½ EL gehackte Petersilie
Chili aus der Gewürzmühle
Salz

für den Teig

200 g Mehl
50 g Grieß
2 EL Öl
1 Prise Salz
9 Eigelb
½ Bund Kerbel

für die Vinaigrette

300 g gemischte Pilze
100 ml Olivenöl
8 küchenfertige Riesengarnelen
2 Schalotten
2 Knoblauchzehen
50 ml weißer Aceto Balsamico
80 ml Fleischbrühe
Salz, schwarzer Pfeffer
3 Tomaten
1 EL gehackte Petersilie
½ EL Thymianblättchen
Kerbel zum Garnieren

Für die Füllung den Ricotta durch ein Sieb streichen. Den Knoblauch schälen, hacken und dazugeben. Die Garnelen würfeln und mit Eigelb und gehackten Kräutern hinzufügen. Alles mit Chili und Salz würzen und verrühren.

Für den Teig Mehl, Grieß, Öl, Salz und 7 Eigelbe zu einem glatten Teig verarbeiten und gut durchkneten. Den Teig 1 Stunde ruhen lassen, in 2 Portionen teilen und jeweils dünn ausrollen.

Kerbel waschen, trocknen, zerkleinern und auf einer Teigplatte verteilen. Die zweite Teigplatte darauf legen und beide Teigplatten ausrollen, sodass die Kerbelblättchen schön sichtbar werden.

Übrige Eigelbe verquirlen. Teigplatte halbieren. Eine Hälfte mit Eigelb bestreichen, Füllung mit einem Portionierer darauf verteilen. Zweite Hälfte darauf legen. Mit einem Ravioliausstecher daraus Ravioli ausstechen, in kochendem Salzwasser bissfest garen.

Für die Vinaigrette die Pilze putzen und grob hacken. In einer Pfanne 50 ml Olivenöl erhitzen. Die Pilze und die Garnelen darin anbraten, aus der Pfanne nehmen und beiseite stellen.

Schalotten schälen und in Streifen schneiden, Knoblauchzehen schälen und fein hacken. Übriges Öl in der Pfanne erhitzen, Schalotten und Knoblauch darin anschwitzen. Mit Aceto Balsamico ablöschen und mit Brühe aufgießen. Salzen, pfeffern und einkochen lassen. Tomaten überbrühen, enthäuten, entkernen und würfeln. Ravioli mit Pilzen, Garnelen und Tomaten unterrühren und alles vom Herd nehmen. Petersilie und Thymian unterheben. Mit Kerbelblättchen garnieren und servieren.

Räucherfischmousse auf Gurkenspaghetti

4 Personen braucht Zeit

für die Mousse
300 g Räucherfisch
6 Blatt Gelatine
150 ml Fischvelouté (s. unten)
450 g Sahne
7 Scheiben Räucherlachs
Salz, schwarzer Pfeffer
1 EL gehackter Dill

für den Fond
1 Karotte
1 Zwiebel
½ Stange Porree
½ l Wasser

für die Velouté
1 Schalotte
1 EL Butter
1 EL Mehl
50 g Sahne
200 ml Fond vom Räucherfisch (s. oben)

für die Gurkenspaghetti
1 große Salatgurke
3 EL Olivenöl
1 EL Mayonnaise
1 EL Crème fraîche
Salz, schwarzer Pfeffer

Den Räucherfisch von Haut, Kopf und Gräten befreien und diese für den Fond aufbewahren. Den Fisch bis zur weiteren Verwendung in den Kühlschrank stellen.

Für den Fond Karotte und Zwiebel schälen. Porree putzen und waschen. Mit Karotte und Zwiebel zerkleinern. Haut, Gräten und Kopf vom Räucherfisch mit Wasser und Gemüse aufkochen, 30 Minuten bei schwacher Hitze ziehen lassen, durch ein Sieb gießen.

Für die Velouté die Schalotte schälen und klein würfeln. Die Butter in einem Topf zerlassen. Die Schalottenwürfel darin anschwitzen. Mit dem Mehl bestäuben und die Sahne sowie den Fond angießen. Alles aufkochen und mit dem Stabmixer pürieren.

Für die Mousse die Gelatine in kaltem Wasser einweichen. Die Fischvelouté mit 200 g Sahne aufkochen und die Gelatine darin auflösen. Mit Salz und Pfeffer würzen. Etwas abkühlen lassen und im Mixer mit dem beiseite gelegten Räucherfisch pürieren.

Die Räucherfischmasse vollständig abkühlen lassen. Die übrige Sahne steif schlagen, eine Scheibe Lachs würfeln. Kurz bevor die Masse stockt, die Sahne, den Dill und die Lachswürfel darunter heben. Eine mit Frischhaltefolie ausgelegte Terrinenform mit den Lachsscheiben auslegen, die Mousse einfüllen und gut 2 Stunden kalt stellen.

Gurke schälen und mit der Gemüseschneidemaschine oder einem scharfen Messer zu Spaghetti schneiden. Dill waschen, trocknen und mit Olivenöl mischen. Mit Gurkenspaghetti, Mayonnaise und Crème fraîche vermischen und mit Salz und Pfeffer würzen. Die Räucherfischmousse in Scheiben schneiden und mit den Gurkenspaghetti auf Tellern anrichten.

Sauerkrautmaultaschen mit Bergkäse in lauwarmer Kräuter-Vinaigrette

4 Personen
braucht Zeit

für den Teig

250 g Weizenmehl
100 g Hartweizengrieß
Salz
2 Eier
2 EL Rapsöl
50 ml Weißbier

für das Sauerkraut

300 g Sauerkraut
30 g Schmalz
2 EL Schalottenwürfel
1 EL gehackter Knoblauch
2 Lorbeerblätter
50 ml Weißwein
50 ml Brühe
150 g Sahne
Chili aus der Gewürzmühle
Koriander aus der Mühle
80 g Bergkäse
1 EL gehackte Petersilie
2 EL Tomatenwürfel
2 Eigelb

für die Vinaigrette

60 ml Rapsöl
2 EL Schalottenwürfel
1 EL gehackter Knoblauch
3 EL weißer Aceto Balsamico
Salz, schwarzer Pfeffer
2 EL gehackte Kräuter
für die Garnitur
1 Kopfsalat
4 Thymianzweige

Mehl, Grieß und Salz mischen. Eier verquirlen und das Öl sowie das Bier dazugeben. Alles zu einem glatten Teig verkneten. Zu einer Kugel formen, in Frischhaltefolie wickeln und 1 Stunde kühlen.

Sauerkraut waschen, ausdrücken und grob schneiden. Schmalz erhitzen. Schalotten mit Knoblauch darin anschwitzen. Lorbeerblätter zugeben. Mit Wein ablöschen, kurz köcheln lassen und Sauerkraut zufügen. Mit Brühe und Sahne auffüllen. Mit Salz, Chili und Koriander würzen und offen etwa 35 Minuten unter mehrmaligem Rühren garen. Lorbeerblätter entfernen und Sauerkraut abkühlen lassen. Käse klein würfeln. Die Petersilie und Tomatenwürfeln unter das kalte Sauerkraut mischen.

Den Nudelteig mit einer Nudelmaschine dünn ausrollen und in 2 Teigplatten teilen. Mit einem Eisportionierer kleine Portionen von der Sauerkrautfüllung auf eine Teigplatte geben. Die Eigelbe verquirlen und die Ränder damit bestreichen. Die zweite Teigplatte auf die Füllung legen und die Ränder festdrücken. Mit einem Ausstecher runde Maultaschen ausstechen. In kochendes Salzwasser geben und darin etwa 5 Minuten gar ziehen lassen.

In einer Pfanne 20 ml Rapsöl erhitzen. Schalotten und Knoblauch darin anschwitzen, mit Aceto Balsamico ablöschen und einmal aufkochen lassen. Mit Salz und Pfeffer würzen. Das übrige Öl zufügen, die Pfanne vom Herd nehmen. Die Maultaschen und die Kräuter darin schwenken. Mit Salz würzen.

Den Kopfsalat waschen, putzen und trocknen. Die Salatblätter auf Tellern verteilen. Die Maultaschen darauf geben, mit der Vinaigrette beträufeln. Mit den Thymianzweigen garnieren.

Hauptgerichte mit Fleisch, Geflügel und Wild

Rehrückenmedaillons im Wacholderbackteig mit Holunderchutney

4 Personen
braucht Zeit

für das Chutney

250 g Holunderbeeren
10 g Salz
60 g Zucker
1 Schalotte
2 Knoblauchzehen
2 EL Honig
1 EL gehackter Ingwer
Schale von 1 Limette
8 EL weißer Aceto Balsamico
Chili aus der Gewürzmühle
1 EL Speisestärke
1 EL gehacktes Koriandergrün

für die Füllung

1 Apfel
Saft von ½ Zitrone
2 EL gehackte Walnusskerne

für die Medaillons

1 Rehrückenfilet
Wacholder aus der Gewürzmühle
Salz, schwarzer Pfeffer
2 EL Walnussöl
1 EL Speisestärke
1 EL Thymianblättchen
250 g Rapsöl zum Ausbacken

für den Backteig

4 Eigelb
400 ml kaltes Wasser
125 g Mehl
125 g Speisestärke
8 EL Gin
Wacholder aus der Mühle
Salz

Für das Chutney die Holunderbeeren waschen und mit Salz und Zucker mischen. Zugedeckt am besten über Nacht stehen lassen.

Am nächsten Tag für das Chutney die Schalotte und die Knoblauchzehen schälen und fein würfeln. Den Honig in einer Pfanne aufschäumen. Die Schalotten-, Knoblauch- und Ingwerwürfel dazugeben und etwas anbraten. Die Limettenschale in feine Streifen schneiden und hinzufügen. Kurz mit anschwitzen und mit dem Essig ablöschen. Das Ganze kurz einkochen lassen. Anschließend die Holunderbeeren dazugeben und alles leicht köcheln lassen. Mit Chili, Salz und Zucker abschmecken.

Für die Füllung den Apfel schälen, vom Kerngehäuse befreien und grob reiben. Mit dem Zitronensaft und den Walnüssen vermischen. Das Rehrückenfilet von Haut und Sehnen befreien. In 3 cm dicke Scheiben schneiden, flach klopfen und eine Tasche einschneiden. Mit der Masse füllen. Mit Wacholder, Salz und Pfeffer würzen und mit Walnussöl, Speisestärke und Thymian marinieren.

Für den Backteig alle Zutaten in ein hohes Gefäß geben und mit einem Stabmixer vermixen. Die gefüllten Medaillons durch den Backteig ziehen. Das Rapsöl erhitzen und die Medaillons darin goldbraun ausbacken. Herausnehmen und auf Küchenpapier abtropfen lassen.

Die Speisestärke in kaltem Wasser anrühren und das Holunderchutney damit binden. Die Pfanne mit dem Chutney vom Herd nehmen und das Koriandergrün darunter mischen. Die Rehmedaillons auf dem Chutney anrichten und mit frischem Kerbel und Friséesalat garnieren.

Dörrobst-Kartoffelpüree mit Entenbrust und Zwiebelsauce

4 Personen braucht Zeit

für das Püree

600 g mehlig kochende Kartoffeln
Salz
100 ml Milch
100 g Butter
5 EL geschlagene Sahne
geriebene Muskatnuss
40 g getrocknete Aprikosen
40 g gedörrte Äpfel
40 g Dörrpflaumen
4 EL Grand Marnier
1 EL Honig
80 g Sahne
schwarzer Pfeffer
1 EL gehackte Petersilie

für das Fleisch

4 Entenbrüste à etwa 180 g
20 g Butterschmalz
Salz, schwarzer Pfeffer
2 Thymianzweige
1 Rosmarinzweig
10 g Butter

für die Sauce

200 g rote Zwiebeln
300 g Schalotten
50 g Butter
4 Thymianzweige
300 ml Gewürztraminer
300 ml Portwein
Salz, schwarzer Pfeffer
4 EL dunkler Kalbsfond
2 EL weißer Aceto Balsamico

Kartoffeln waschen und in Salzwasser zugedeckt weich kochen. Dann schälen. Milch mit 80 g Butter etwas einkochen lassen. Kartoffeln durch die Kartoffelpresse drücken und in die Milchmischung geben. Die Masse glatt rühren und 3 Esslöffel geschlagene Sahne unterheben. Mit Salz und Muskat würzen.

Aprikosen, Äpfel und Pflaumen fein würfeln und mit Grand Marnier und Honig marinieren. Übrige Butter erhitzen und die Trockenfrüchte darin anbraten. Mit Sahne ablöschen und einkochen, bis fast alle Flüssigkeit verdampft ist. Kartoffelpüree darunter mischen, salzen und pfeffern. Vor dem Anrichten die übrige geschlagene Sahne und Petersilie unterheben.

Backofen auf 120 °C (Umluft 100 °C; Gas Stufe 1) vorheizen. Die Haut der Entenbrust einschneiden. Das Butterschmalz in einer Pfanne erhitzen und die Entenbrüste darin mit der Hautseite nach oben anbraten. Mit Salz und Pfeffer würzen. Die Kräuter waschen, trocknen und dazugeben. Die Entenbrüste wenden und auf der Hautseite kross anbraten. Ein Backblech mit Alufolie auslegen, das Fleisch mit den Kräutern darauf legen und im heißen Ofen etwa 20 Minuten garen. Herausnehmen und etwas ruhen lassen.

Zwiebeln und Schalotten schälen und halbieren. Butter erhitzen und beides darin anbraten. Thymian waschen, trocknen und dazugeben. Mit Gewürztraminer und Portwein auffüllen und reduzieren, bis die Flüssigkeit fast eingekocht ist. Mit Salz und Pfeffer würzen und den Thymian entfernen. Fond und Aceto Balsamico dazugießen. Die Entenbrüste aufschneiden, mit dem Dörrobst-Kartoffelpüree anrichten und mit der Zwiebelsauce servieren. Mit Petersilienblättchen garnieren.

Linsenragout mit Wachtel und pochiertem Ei

4 Personen
braucht Zeit

für das Ragout

200 g grüne Linsen
1 Schalotte
1–2 Knoblauchzehen
½ Karotte
¼ Sellerieknolle
¼ Stange Porree
2 EL Rapsöl
1 EL weißer Aceto Balsamico
70 ml Weißwein
¼ l Geflügelbrühe
80 g rote Linsen
Salz
2 EL Crème fraîche
1 EL gehackte Petersilie
60 g Butterwürfel

für die Wachteln und das Ei

8 Wachtelkeulen
Salz, schwarzer Pfeffer
5 Eier
50 g Mehl
100 g Weißbrotbrösel
300 g Fett zum Ausbacken
½ Knoblauchzehe
1 Schalotte
100 g Räucherspeck
1 Rosmarinzweig
1 Thymianzweig
3 EL Olivenöl zum Braten
2 Wachtelbrüste
2 EL Essig
Kerbel für die Garnitur

Linsen nach Packungsanweisung einweichen und bissfest garen. Sie müssen gut mit Wasser bedeckt sein. Dann abgießen. Schalotte und Knoblauch schälen und hacken. Karotte und Sellerie schälen. Porree putzen, waschen und mit der Karotte und dem Sellerie klein würfeln.

Rapsöl erhitzen. Schalotte und Knoblauch darin andünsten. Mit Essig, Wein und Brühe aufgießen. Linsen zufügen, langsam köcheln. Karotte und Sellerie zufügen und kurz köcheln lassen. Porree und rote Linsen dazugeben, alles salzen sowie pfeffern und einmal aufkochen. Vom Herd nehmen, Crème fraîche und Petersilie unterheben. Die Butter darunter rühren.

Wachtelkeulen auslösen, vom Röhrenknochen befreien, Fleisch salzen, pfeffern und über den Knochen stülpen, d. h. »auf links drehen«. 1 Ei verquirlen. Keulen in Mehl wenden, durch das Ei ziehen und mit den Bröseln panieren. Das Fett erhitzen. Die Keulen darin 3 Minuten ausbacken. Herausheben und abtropfen lassen.

Den Backofen auf 180 °C (Umluft 160 °C; Gas Stufe 2) vorheizen. Knoblauch und Schalotte schälen und halbieren. Speck würfeln. Kräuter waschen und trocknen. Olivenöl erhitzen. Wachtelbrüste darin anbraten. Knoblauch und Schalotte mit Kräutern und Speck mitbraten. Wachteln salzen, pfeffern und im Ofen 8 Minuten garen.

Einen Topf mit Essig ausreiben. Mit Wasser füllen und salzen. Das Wasser erhitzen. Die übrigen Eier in eine Schöpfkelle aufschlagen und vorsichtig ins Wasser gleiten lassen. Langsam ziehen lassen. Die Wachtelbrüste auslösen, die Linsen auf Tellern anrichten. Die Wachtelbrüste und -keulen darauf legen, die Eier ebenfalls anrichten und mit Kerbelblättchen garnieren.

Überbackene neue Kartoffeln mit Speckvinaigrette

4 Personen
braucht Zeit

für die Kartoffeln

1 kg neue Kartoffeln
Salz
Kümmel
20 g Butterschmalz
50 g gewürfelte Schalotten
1 EL gehackter Knoblauch
2 EL Schnittlauchröllchen
schwarzer Pfeffer
150 g Bergkäse

für die Vinaigrette

150 g Räucherspeck
2 EL Rapsöl
2 EL Schalottenwürfel
60 ml Fleischbrühe
3–5 EL weißer Aceto Balsamico
4 EL Walnussöl
Salz
1 Msp. gemahlener Kümmel

Die Kartoffeln waschen, in Salzwasser mit dem Kümmel fast weich kochen. Anschließend schälen und je nach Größe der Kartoffeln halbieren oder ganz lassen.

Das Butterschmalz in einer Pfanne erhitzen und die Kartoffeln darin anbraten. Schalotten und Knoblauch dazugeben und mitbraten. Den Schnittlauch hinzufügen. Die Kartoffelmischung salzen, pfeffern und in eine feuerfeste Form geben. Den Backofen auf 190 °C (Umluft 170 °C; Gas Stufe 4) vorheizen. Den Käse reiben und auf den Kartoffeln verteilen. Das Gericht im heißen Ofen etwa 15 Minuten überbacken.

Für die Vinaigrette den Speck fein würfeln. Das Rapsöl in einer Pfanne erhitzen und die Speckwürfel darin nicht zu scharf anbraten. Die Schalottenwürfel hinzufügen und alles mit der Brühe ablöschen. Die Pfanne vom Herd nehmen.

Den Aceto Balsamico zu der Speck-Schalotten-Mischung gießen. Die Pfanne wieder auf den Herd stellen und alles leicht einkochen lassen. Die Pfanne erneut vom Herd nehmen und nach und nach das Walnussöl darunter rühren. Die Vinaigrette mit Salz und Kümmel würzen und zu den Kartoffeln servieren. Dazu passt Feldsalat.

Im Speckmantel gebratene Kartoffeln auf Bohnengemüse

4 Personen
braucht Zeit

für die Kartoffeln
1 kg neue, kleine Kartoffeln
Salz
Kümmel
200 g Allgäuer Käse
150 g Räucherspeck in Scheiben
3 EL Rapsöl
einige Rosmarin- und Thymianzweige

für das Bohnengemüse
500 g breite Stangenbohnen
2 Schalotten
2 Knoblauchzehen
20 g Butter
100 ml Fleischbrühe
100 g Sahne
schwarzer Pfeffer
3 Bohnenkrautzweige
2 EL geschlagene Sahne

Die Kartoffeln waschen. In Salzwasser mit dem Kümmel fast gar kochen, dann schälen und längs halbieren. Den Käse in dicke Stücke schneiden. Zwischen die Kartoffelhälften ein Stück Käse legen. Die Hälften wieder zusammensetzen. Die Kartoffeln mit dem Speck umwickeln.

Das Rapsöl erhitzen, die Kartoffeln darin anbraten, Rosmarin und Thymian waschen, trockenschütteln und hinzufügen. Die Kartoffeln weitere 10 Minuten braten.

Die Bohnen waschen, putzen, in Stücke schneiden, in Salzwasser blanchieren und in Eiswasser abschrecken. Schalotten und Knoblauch schälen und würfeln. Die Butter erhitzen, beides darin glasig dünsten. Mit Brühe und Sahne auffüllen und einkochen lassen. Die Bohnen in die Sauce geben, alles salzen und pfeffern. Das Bohnenkraut waschen, trocknen und mit der Sahne unterheben.

Die im Speckmantel gebratenen Kartoffeln auf den Bohnen servieren.

Huhn in der Salzkruste mit indischer Curry-Gemüse-Sauce

4 Personen
braucht Zeit

für das Huhn

½ Bund Koriandergrün
1 Petersilienzweig
2 Thymianzweige
5 Rosmarinzweige
10 EL Sojasauce
3 EL Rapsöl
1 Huhn (1,2–1,5 kg)
5 große Mangoblätter

für den Salzteig

6 Eiweiß
2,5 kg Salz
etwa ⅛ l Wasser
etwa 80 g Mehl

für die Gemüse-Curry-Sauce

1 Schalotte
2 Knoblauchzehen
1 Karotte
2 Stangen junger Porree
3 EL Sesamöl
1 EL gehackter Ingwer
½ EL fein gehacktes Zitronengras
100 ml Geflügelbrühe
etwa 200 g Sahne
3 EL Sweet Chili Sauce (aus dem Asia-Laden)
1 EL Currypulver
Salz
½ Mango
1 EL zerkleinertes Koriandergrün

Die Kräuter waschen, trocknen und hacken. Mit der Sojasauce und dem Rapsöl vermischen und das Huhn damit einreiben. Die Mangoblätter waschen und die Stiele entfernen. Die Blätter blanchieren, in Eiswasser abschrecken und auf einem Tuch abtropfen lassen. Das mit der Kräuterpaste bestrichene Huhn in die Blätter einwickeln. Den Backofen auf 200 °C (Umluft 180 °C; Gas Stufe 3) vorheizen.

Für den Salzteig die Eiweiße leicht aufschlagen (halb steif). Das Salz hinzufügen und die Eiweiße gut durchrühren. Das Wasser einlaufen lassen und das Mehl darunterrühren. Ein Backblech mit Alufolie auslegen und einen Teil des Salzteiges darauf streichen. Das Huhn darauf setzen und mit dem Rest des Salzteiges bedecken. Im heißen Backofen 1 Stunde 30 Minuten backen.

Für die Sauce die Schalotte schälen und in kleine Würfel schneiden. Die Knoblauchzehen schälen und hacken. Die Karotte schälen und in feine Scheiben schneiden. Den Porree putzen, waschen und in feine Scheiben schneiden.

Das Sesamöl in einer Pfanne erhitzen. Ingwer, Zitronengras, Schalotte, Knoblauch, Karotte und Porree darin kurz anbraten. Mit der Brühe aufgießen und weich dünsten.

Die Sahne und die Chilisauce dazugeben und die Gemüsesauce mit Curry bestäuben und mit Salz abschmecken. Die Mango schälen und das Fruchtfleisch würfeln. Mit dem Koriandergrün dazugeben und kurz einkochen lassen. Die Sauce zu dem Huhn in der Salzkruste servieren. Mit frittiertem Porreestroh garnieren.

Kräuter-Rinderrolle mit Kartoffel-Sahne-Gratin und Rotweinsauce

4 Personen braucht Zeit

für die Rinderrolle
600 g Rinderlende, pariert
Salz, schwarzer Pfeffer
4 EL gehackte Kräuter
Küchengarn
1 EL Butterschmalz
2 Schalotten
2 Thymianzweige
2 Rosmarinzweige
5 EL Sojasauce
Estragon und Kerbel zum Garnieren

für das Gratin
20 g Butter für die Form
125 g Sahne
1/8 l Milch
Salz
geriebene Muskatnuss
1/2 EL gehackter Knoblauch
400 g Kartoffeln
40 g geriebener Bergkäse
30 g kalte Butterscheiben

für die Sauce
2 rote Zwiebeln
20 g Zucker
1/4 l Rotwein
2 Thymianzweige
1/4 l roter Portwein
4 EL Marsala

Das Rinderfilet längs aufschneiden und flach klopfen. Mit Salz und Pfeffer würzen und mit den Kräutern bestreuen. Zu einer Roulade zusammenrollen und mit Küchengarn fixieren. Das Butterschmalz erhitzen und die Roulade darin auf allen Seiten gut anbraten.

Den Backofen auf 110 °C (Umluft 90 °C; Gas Stufe 1) vorheizen. Die Schalotten schälen und vierteln. Die Kräuter waschen, trocknen und mit den Schalotten zur Roulade geben. Mit Sojasauce ablöschen und garen, bis die Schalotten glänzen. Ein Backblech mit Alufolie auslegen. Das Fleisch aus der Pfanne nehmen und mit den Kräutern und Schalotten auf das Blech legen. Im heißen Ofen etwa 1 Stunde garen. Dann herausnehmen und ruhen lassen.

Für das Gratin den Backofen auf 200 °C (Umluft 180 °C; Gas Stufe 3) vorheizen. Eine feuerfeste Form mit der Butter ausfetten. Sahne und Milch mit Salz, Muskat und Knoblauch abschmecken und aufkochen. Die Kartoffeln schälen, in dünne Scheiben schneiden und in die Form schichten. Mit der Sahne-Milch-Mischung übergießen, mit dem Käse bestreuen und mit den Butterflocken belegen. Im heißen Ofen 30–40 Minuten backen.

Für die Sauce die Zwiebeln schälen und in Streifen schneiden. Den Zucker hellbraun karamellisieren lassen, die Zwiebeln dazugeben und kurz miträsten. Mit Rotwein ablöschen. Den Thymian zufügen. Alles auf die Hälfte einkochen. Portwein und Marsala dazugießen, die Sauce auf 100 ml reduzieren und durch ein feines Sieb gießen.

Das Kartoffel-Sahne-Gratin in der Mitte der Teller anrichten, eine Tranche des Rinderfilets anlegen und mit der Rotweinsauce beträufeln. Mit etwas frischem Estragon und Kerbel garnieren.

Mit Brezen gefüllte Putenkeule mit weißer Pfefferrahmsauce und Wirsinggemüse

4 Personen
braucht Zeit

für die Putenkeule

2 Putenkeulen à 600 g
Salz, schwarzer Pfeffer
30 g Butterschmalz
1 EL brauner Zucker
4 EL Whiskey
Saft von 1 Orange
¼ l Gemüsefond
Kerbelblättchen zum Garnieren

für die Füllung

2 Laugenbrezeln
90 ml Milch
60 g Dörrpflaumen
1 Schalotte
1 Knoblauchzehe
15 g Butter
1 Ei
1 EL gehackte Petersilie
Salz, schwarzer Pfeffer
geriebene Muskatnuss

für die Sauce

20 g weiße Pfefferkörner
20 g Butter
50 g Schalottenwürfel
150 ml Fond von den Putenkeulen
150 g Sahne

für das Gemüse

1 Kopf Wirsing
3 Tomaten
1 Schalotte
1 EL Butterschmalz
1 EL Räucherspeckwürfel
Salz, schwarzer Pfeffer
geriebene Muskatnuss

Haut und Sehnen der Putenkeulen entfernen, den Knochen an der Unterkeule etwas frei schaben und aus der Oberkeule auslösen. Die dicken Fleischteile etwas einschneiden, auseinander klappen und flach klopfen. Salzen und pfeffern.

Laugenbrezeln würfeln. Milch erhitzen, darüber gießen und alles zugedeckt 20 Minuten quellen lassen. Pflaumen fein würfeln. Schalotte und Knoblauch schälen und hacken. Butter zerlassen, beides darin glasig dünsten. Mit Ei, Petersilie, Pflaumen, Salz und Pfeffer unter die Brezelmasse kneten. Füllung auf die Oberkeulen geben, das Fleisch darüber zusammenklappen, die Keulen wenden, die Seiten andrücken und die Keulen mit Küchengarn fixieren. Salzen und pfeffern. Ofen auf 160 °C (Umluft 140 °C; Gas Stufe 2) vorheizen.

Schmalz erhitzen, Putenkeulen darin anbraten. Zucker zufügen, karamellisieren, mit Whiskey, Orangensaft und Fond auffüllen. Die Keulen im Ofen 1 Stunde 30 Minuten im offenen Topf garen, öfters mit Bratfond übergießen. Das Fleisch herausnehmen und zugedeckt warm stellen. Fond durch ein Sieb gießen, entfetten und reduzieren.

Pfefferkörner zerstoßen, in ein Sieb geben und in kochendem Wasser blanchieren. Butter erhitzen. Schalotten mit Pfefferkörnern darin glasieren. Mit Fond und Sahne ablöschen und auf die Hälfte reduzieren. Durch ein feines Sieb gießen.

Wirsing waschen und putzen. Blätter in kochendem Wasser blanchieren und in Eiswasser abschrecken. Die Blätter grob zerkleinern. Tomaten überbrühen, enthäuten, entkernen und ohne Stielansätze würfeln. Schalotte schälen und würfeln. Schmalz erhitzen. Schalotten und Speck darin anbraten. Wirsing zufügen. Mit Salz, Pfeffer und Muskat würzen. Die Tomaten unterrühren.

Kalbsmedaillons auf Morchelnudeln und Ingwerkarotten

4 Personen
braucht Zeit

für die Nudeln
200 g Mehl und Mehl für die Arbeitsfläche
50 g Hartweizengrieß
7 Eigelb
3 EL Olivenöl
Salz

für die Ingwerkarotten
2 kleine Zwiebeln
700 g Karotten
1 kleine Ingwerknolle
50 g Butter
1 EL Zucker
50 g geröstete Pinienkerne

für die Morchelsahne
2 Schalotten
2 Knoblauchzehen
150 g frische Morcheln
20 g Butter
150 ml Sahne
20 g Butterschmalz
3 EL geschlagene Sahne
1 EL gehackte Petersilie

für die Kalbsmedaillons
600 g sauber geputztes Kalbsfilet
Salz
weißer Pfeffer aus der Mühle
20 g Butterschmalz
4 Thymianzweige
2 EL dunkler Kalbsfond (aus dem Glas)
Kerbelblättchen zum Garnieren

Das Mehl mit dem Hartweizengrieß vermischen und mit den Eigelben, 2 EL Olivenöl und 1 Prise Salz zu einem glatten Teig verkneten. Den Nudelteig in Frischhaltefolie einwickeln und ca. 1 Stunde ruhen lassen.

Den Nudelteig auf einer bemehlten Arbeitsfläche oder mit der Nudelmaschine dünn ausrollen und mit einem scharfen Messer oder mit der Maschine Bandnudeln schneiden. Die Nudeln in reichlich Salzwasser mit 1 EL Olivenöl bissfest garen, in ein Sieb gießen und mit kaltem Wasser abschrecken.

Die Zwiebeln schälen und fein würfeln. Die Karotten waschen, schälen und der Länge nach in Scheiben schneiden. Die Ingwerknolle schälen und fein hacken. Die Butter in einem Topf erhitzen und die Zwiebelwürfel darin glasig dünsten. Den Zucker zugeben und die Zwiebeln damit glasieren. Die Karotten und den Ingwer hinzufügen und zugedeckt ca. 10 Minuten dünsten. Zum Schluss die Pinienkerne dazugeben und salzen.

Die Schalotten und den Knoblauch schälen und fein hacken. Die Morcheln putzen. Die Butter in einem Topf erhitzen und Schalotten und Knoblauch darin hell anschwitzen. Mit der Sahne ablöschen und etwas einkochen lassen. 20 g Butterschmalz in einer Pfanne erhitzen und die Morcheln darin ca. 3 Minuten braten. Die eingekochte Sahne mit dem Multimesser des Zauberstabs schaumig mixen und die Morcheln unterühren.

Den Backofen auf 120 °C (Umluft 100 °C; Gas Stufe 1) vorheizen. Das Kalbfleisch in vier Medaillons schneiden und mit Salz und Pfeffer würzen. 20 g Butterschmalz in einer Pfanne erhitzen und die Medaillons darin auf beiden Seiten scharf anbraten. Die Thymianzweige dazugeben und kurz mitbraten. Alles auf ein mit Alufolie belegtes Backblech legen und im Backofen auf der mittleren Schiene in 8–10 Minuten fertig garen. Die Nudeln in die Morchelsahne geben und einmal aufkochen lassen.

Die Morchelnudeln mit der geschlagenen Sahne und der Petersilie verfeinern und mit Salz und Pfeffer würzen. Die Kalbsmedaillons auf den Morchennudeln anrichten, die Ingwerkarotten dazugeben, die Kalbsmedaillons mit dunklem Kalbsfond überziehen und mit gewaschenen Kerbelblättchen garnieren.

Gebackene Rehschnitzel mit Pfifferlingsragout und Preiselbeerspätzle

4 Personen
braucht Zeit

für die Rehschnitzel

4 dünne Scheiben Rehfleisch aus der Oberschale à 100 g
Salz, schwarzer Pfeffer
100 g Weißbrot
4 Petersilienzweige
4 Thymianzweige
3 Majoranzweige
1 Rosmarinzweig
2 Eier
1 EL Sahne
40 g Mehl
120 g Butterschmalz

für das Ragout

400 g Pfifferlinge
2 Schalotten
30 g Butterschmalz
1 Knoblauchzehe
50 ml Weißwein
250 g Sahne
Salz, weißer Pfeffer
etwas Speisestärke
2 EL geschlagene Sahne
1 EL gehackte glatte Petersilie

für die Spätzle

6 Eier
250 g Mehl
Salz, schwarzer Pfeffer
frisch geriebene Muskatnuss
40 g Butter
120 g eingelegte Preiselbeeren

Das Rehfleisch mit einem Fleischklopfer flach klopfen. Die Scheiben werden dabei so groß, dass sie noch einmal halbiert werden sollten. Mit Salz und Pfeffer würzen.

Das Weißbrot von der Rinde befreien und in Würfel schneiden. Die Kräuter waschen und trockenschütteln. Die Blättchen klein zupfen. Die Brotwürfel in der Küchenmaschine mahlen und mit den Kräutern vermengen. Die Eier mit der Sahne verquirlen.

Die Rehschnitzel auf beiden Seiten mit Mehl bestäuben, durch die Eier-Sahne-Mischung ziehen und in der Weißbrot-Kräuter-Mischung panieren. Das Butterschmalz erhitzen und die Schnitzel darin auf beiden Seiten knusprig anbraten. Nochmals salzen.

Die Pfifferlinge putzen. Die Schalotten schälen und würfeln. Die Knoblauchzehe schälen und hacken. Das Butterschmalz erhitzen. Die Pfifferlinge darin anbraten. Schalotten und Knoblauch dazugeben und alles gut schwenken. Mit Wein ablöschen und kurz einkochen lassen. Die Sahne zufügen und alles etwas einkochen lassen. Mit Salz und Pfeffer würzen. Stärke mit kaltem Wasser anrühren, Sauce damit binden. Sahne und Petersilie unterheben.

Die Eier glatt rühren. Nach und nach das Mehl unterrühren. Den Teig so lange schlagen, bis er Blasen wirft. Mit Salz, Pfeffer und Muskat würzen. Mit einer Spätzlepresse (oder von Hand) den Teig in kochendes Salzwasser drücken oder schaben. Die Spätzle herausheben, wenn sie nach oben steigen. Abschrecken und abtropfen lassen. Die Preiselbeeren abtropfen lassen. Die Butter aufschäumen. Die Spätzle mit den Preiselbeeren darin schwenken und salzen. Mit den Rehschnitzeln und dem Ragout anrichten.

Lammkoteletts unter der Knoblauchkruste mit grünen Bohnen

4 Personen
braucht Zeit

für das Fleisch
3 Knoblauchzehen
4 Thymianzweige
2 Rosmarinzweige
80 ml Olivenöl
16 Lammkoteletts à 50 g
Salz, schwarzer Pfeffer

für die Knoblauchkruste
100 g zimmerwarme Butter
Salz, schwarzer Pfeffer
120 g fein geriebenes Weißbrot
3 EL junger, fein gehackter Knoblauch

für die Sauce
2 EL Schalottenwürfel
4 EL Aceto Balsamico
120 ml Fleischbrühe
½ EL gehackter Thymian
½ EL gehackter Rosmarin
30 g Butter
2 EL Tomatenwürfel
Salz, schwarzer Pfeffer

für die Bohnen
200 g grüne Bohnen
Salz, schwarzer Pfeffer
1 Schalotte
1 Knoblauchzehe
20 g Butterschmalz
2 EL Speckwürfel

Die Knoblauchzehen schälen und hacken. Die Kräuter waschen und trocknen. Knoblauch und Kräuter mit dem Olivenöl mischen. Das Fleisch darin über Nacht im Kühlschrank marinieren.

Für die Knoblauchkruste die Butter schaumig rühren, salzen und pfeffern. Das geriebene Weißbrot und den Knoblauch zufügen. Alles glatt rühren, in Frischhaltefolie zur Rolle formen und kalt stellen.

Den Backofen auf 130 °C (Umluft 110 °C; Gas Stufe 1) vorheizen. Das Olivenöl der Marinade in einer Pfanne erhitzen. Die Lammkoteletts darin mit den Kräutern aus der Marinade auf beiden Seiten kurz anbraten, salzen, pfeffern und auf ein mit Alufolie ausgelegtes Backblech legen. Im Ofen etwa 5 Minuten garen. Die Knoblauchkruste in Scheiben schneiden und auf die Lammkoteletts legen. Unter dem Backofengrill überbacken, bis die Kruste goldgelb ist.

Für die Sauce die Schalottenwürfel in der Pfanne, in der zuvor die Lammkoteletts angebraten wurden, goldbraun anbraten. Mit Aceto Balsamico sowie Fleischbrühe aufgießen und einkochen lassen. Die Kräuter hinzufügen. Die Butter unterrühren, die Tomatenwürfel darunterheben. Mit Salz und Pfeffer abschmecken.

Die Bohnen waschen, putzen, in reichlich Salzwasser blanchieren und kalt abschrecken. Die Schalotte schälen und würfeln. Den Knoblauch schälen und hacken. Das Butterschmalz in einer Pfanne erhitzen, die Speck- und Schalottenwürfel darin anbraten. Den Knoblauch dazugeben und kurz mitbraten. Die Bohnen zufügen, gut durchschwenken und mit Salz und Pfeffer abschmecken. Die Lammkoteletts mit den grünen Bohnen anrichten und mit der Balsamico-Sauce überziehen.

Hauptgerichte mit Fisch

Zander-Garnelen-Kuppeln im Wirsingblatt auf Wirsingrahmsauce

4 Personen
braucht Zeit

für die Zander-Garnelen-Kuppeln
6 Thymianzweige
300 g Zanderfilet
2 EL Sahne
Salz
Chili aus der Gewürzmühle
30 g junger Porree
50 g Karotten
4 Wirsingblätter
4 Garnelen
2 Schalotten
20 g Butterschmalz
1 EL Butter

für die Sauce
6 Wirsingblätter
100 g Champignons
Salz
20 g Olivenöl
2 EL Schalottenwürfel
1 EL gehackter Knoblauch
schwarzer Pfeffer
50 ml Fleischbrühe
20 ml Weißwein
80 g Sahne
1 geschälte Tomate
1 EL Estragonblätter

Für die Kuppeln den Thymian waschen und trocknen. Von 2 Zweigen die Blättchen abzupfen, den Rest beiseite legen. Das Zanderfilet klein würfeln. Die Sahne unterrühren. Alles mit Salz, Chili und Thymianblättchen würzen. Den Porree waschen und putzen, die Karotte schälen. Beides sehr fein würfeln und unter die Zandermasse mischen. Die Wirsingblätter in Salzwasser blanchieren. In Eiswasser abschrecken und trockentupfen.

Einen Schöpfer oder eine Kuppelform mit einem Durchmesser von 8 cm mit Butter ausstreichen und 1 Wirsingblatt hineinlegen, 2 EL der Zandermasse hineindrücken, 1 Garnele darauf legen und salzen. Mit Zandermasse auffüllen und das Kohlblatt einklappen, sodass alles gut verschlossen ist. Den Vorgang mit den restlichen 3 Kohlblättern wiederholen.

Den Backofen auf 160 °C (Umluft 140 °C; Gas Stufe 1) vorheizen. Die Schalotten halbieren. Das Schmalz erhitzen. Die Kuppeln darin anbraten. Schalotten und übrigen Thymian zufügen. Die Kuppeln wenden, salzen, mit Butter glasieren. Im Ofen 15 Minuten garen.

Für die Sauce die Wirsingblätter im kochenden Salzwasser blanchieren, in Eiswasser abschrecken, trockentupfen, von der dicken Mittelrippe befreien und klein würfeln. Die Champignons feucht abreiben, putzen, vom Stiel befreien und würfeln.

Das Olivenöl erhitzen. Schalotten und Knoblauch darin glasig dünsten. Die Pilze mitbraten. Alles salzen und pfeffern. Mit Brühe, Wein und Sahne aufgießen. Den Wirsing zufügen und die Sauce einkochen. Tomate würfeln. Mit Estragon unter den Wirsing mischen. Zu den Zander-Garnelen-Kuppeln reichen.

Heilbutt auf Steinpilznudeln

4 Personen
geht schnell

für die Nudeln
200 g Bandnudeln
Salz
1 EL Olivenöl
für die Sauce
2 Schalotten
2 Knoblauchzehen
150 g frische Steinpilze
50 g kalte Butter
30 g getrocknete Tomaten
50 ml Weißwein
80 ml Sahne
3 EL geschlagene Sahne
1 EL gehackte Petersilie

für den Fisch
600 g Heilbutt
20 g Butter
2 Thymianzweige
1 Rosmarinzweig
3 Knoblauchzehen
Salz
weißer Pfeffer aus der Mühle
Kerbelblättchen zum Garnieren

Die Bandnudeln in reichlich kochendem Salzwasser mit dem Olivenöl bissfest garen, abgießen, mit kaltem Wasser abschrecken und abtropfen lassen.

Die Schalotten schälen und fein würfeln. Die Knoblauchzehen schälen und fein hacken. Die Steinpilze putzen, mit einem feuchten Tuch abreiben und je nach Größe halbieren oder vierteln.

20 g Butter in einer Pfanne erhitzen und die Schalotten und den gehackten Knoblauch darin hell anschwitzen. Die getrockneten Tomaten fein würfeln und kurz mitbraten. Die Steinpilze dazugeben und kurz braten. Alles aus der Pfanne nehmen und warm stellen.

Den Bratensatz mit dem Weißwein ablöschen, die Sahne angießen und alles einkochen lassen. Mit dem Multimesser des Zauberstabs 30 g kalte Butter in die Sauce mixen.

Das Heilbuttfilet waschen, trockentupfen und in ca. 2 cm dicke Scheiben schneiden. 20 g Butter in einer Pfanne erhitzen und die Heilbuttfilets darin ca. 2 Minuten anbraten. Die Filets wenden, Thymian, Rosmarin und 3 ungeschälte Knoblauchzehen dazugeben. Den Fisch mit Salz und Pfeffer würzen und bei milder Hitze in 3–6 Minuten fertig braten.

Die Bandnudeln in der Sauce erwärmen. Die Pilze dazugeben und alles gründlich durchschwenken. Die geschlagene Sahne und die Petersilie unterrühren und die Steinpilznudeln mit Salz und Pfeffer abschmecken.

Die Nudeln auf 4 Teller verteilen, die Heilbuttfilets darauf anrichten und mit gewaschenen Kerbelblättchen garnieren.

Zander in der Salzkruste mit warmer Tomaten-Basilikum-Vinaigrette und Rucolakartoffeln

4 Personen
braucht Zeit

für den Fisch
1 küchenfertiger, ganzer Zander (1,5–2 kg)
2 Rosmarinzweige
2 Thymianzweige
1 Zwiebel
½ Knoblauchknolle
6 Eiweiß
2,5 kg Salz
100 g Wasser
150 g Mehl

für die Vinaigrette
1 Knoblauchzehe
50 g Olivenöl
2 EL Schalottenwürfel
Saft und abgeriebene Schale von
1 Limette
50 ml weißer Aceto Balsamico
Salz, schwarzer Pfeffer
200 g Tomatenwürfel
1 EL zerpflücktes Basilikum

für die Rucolakartoffeln
500 g fest kochende Kartoffeln
Salz
20 g Rapsöl
schwarzer Pfeffer
1 Knoblauchzehe
100 g Rucola

Den Zander schuppen und die Flossen abschneiden. Den Fisch waschen und trocknen. Die Kräuter waschen und trockenschütteln. Die Zwiebel schälen und grob würfeln. Mit Kräutern und grob zerdrücktem Knoblauch in die Bauchhöhle des Fischs geben.

Den Backofen auf 200 °C (Umluft 180 °C; Gas Stufe 3) vorheizen. Die Eiweiße leicht anschlagen. Mit Salz, Wasser und Mehl vermischen. Die Hälfte der Masse auf ein Blech geben. Den Fisch darauf betten und mit der zweiten Hälfte der Masse bedecken. Der Kopf kann frei bleiben. Den Zander im Ofen 45 Minuten garen.

Für die Vinaigrette den Knoblauch schälen und hacken. Das Olivenöl erhitzen. Schalotten und Knoblauch darin anschwitzen. Mit Limettensaft und Aceto Balsamico ablöschen, vom Herd nehmen.

Die Limettenschale zur Schalottenmischung geben. Mit Salz und Pfeffer würzen und die Tomatenwürfel darunter rühren. Erst kurz vor dem Anrichten das Basilikum darunter mischen.

Für die Rucolakartoffeln die Kartoffeln waschen und in reichlich Salzwasser nicht ganz weich kochen. Noch warm schälen und je nach Größe halbieren oder vierteln.

Rapsöl erhitzen, Kartoffeln darin anbraten. Salzen und pfeffern. Knoblauch schälen, in Scheiben schneiden und zufügen. Rucola waschen, putzen, zerpflücken, vor dem Anrichten darin schwenken.

Einen Deckel von der Salzkruste abschneiden. Den Fisch filetieren. Mit den Rucolakartoffeln und der Tomaten-Basilikum-Vinaigrette servieren.

Gebratenes Kabeljaufilet auf Essiglinsen und weißem Balsamicoschaum

4 Personen
braucht Zeit

für den Fisch

30 ml Olivenöl
4 Kabeljaufilets mit Haut
1 Rosmarinzweig
3 Thymianzweige
½ Knoblauchknolle
Salz, schwarzer Pfeffer
20 g Butter

für die Essiglinsen

100 g grüne Linsen
1 Knoblauchzehe
20 g Olivenöl
30 g Schalottenwürfel
100 ml Aceto Balsamico
schwarzer Pfeffer
1 TL gehackter Thymian
2 dicke Scheiben von 1 jungen Knoblauchknolle
50 ml Fischfond
Salz
40 g Butter
1 TL gehackte Petersilie

für den Balsamicoschaum

1 EL Olivenöl
1 EL Schalottenwürfel
50 ml weißer Aceto Balsamico
100 ml Fischfond
Salz, schwarzer Pfeffer
100 ml Crème double
30 g Butter
1 EL geschlagene Sahne

Für den Fisch das Olivenöl in einer Pfanne erhitzen. Die Kabeljaufilets hineinlegen und gut anbraten. Die Filets wenden und mit Salz sowie Pfeffer würzen. Die Kräuter waschen, trockenschütteln und zusammen mit der Knoblauchknolle hinzufügen. Die Kabeljaufilets langsam fertig braten. Kurz vor dem Servieren die Butter hinzufügen. Kräuterzweige und Knoblauch entfernen.

Die Linsen in reichlich Wasser etwa 2 Stunden einweichen. Die Knoblauchzehe schälen und fein würfeln. Das Olivenöl in einem Topf erhitzen. Schalotten und Knoblauch darin kurz anrösten. Mit Aceto Balsamico ablöschen und etwas einkochen lassen.

Die Linsen in ein Sieb gießen und abtropfen lassen. Zu der Essigmischung in den Topf geben und mit Pfeffer würzen. Den Thymian und den Knoblauch hinzufügen. Alles mit dem Fischfond auffüllen und zugedeckt bei schwacher Hitze 15–20 Minuten köcheln lassen, bis die Flüssigkeit fast verdampft ist. Den Knoblauch entfernen und die Linsen salzen. Die Butter darunter rühren und die Petersilie unterheben.

Für den Balsamicoschaum das Olivenöl in einer Sauteuse erhitzen und die Schalottenwürfel darin anschwitzen. Mit dem Aceto Balsamico ablöschen und mit dem Fischfond auffüllen. Salzen, pfeffern und das Ganze um ein Drittel einkochen lassen. Anschließend die Crème double hinzufügen und die Sauce erneut um ein Drittel reduzieren. Die Butter dazugeben und die Sauce mit dem Stabmixer aufmixen. Die geschlagene Sahne unterheben.

Das Kabeljaufilet mit den Essiglinsen auf Tellern anrichten, mit dem weißen Balsamicoschaum überziehen und mit Kerbel bestreuen. Eventuell mit frittiertem Kartoffelstroh garnieren.

Kuchen und Desserts

Maronen-Sahne-Torte

12 Stücke
braucht Zeit

für den Boden

7 Eier
50 g Puderzucker
1 Prise Salz
80 g Zucker
150 g Mehl
1 EL Kakaopulver
50 g gehackte Walusskerne
Butter und Mehl für die Form
Schokoladenröllchen zum Dekorieren

für die Füllung

500 g geschälte Maronen
400 g Sahne
120 g Puderzucker
6 EL Rum
80 g gehobelte Mandeln

Die Eier trennen. Die Eigelbe mit dem Puderzucker schaumig rühren. Die Eiweiße mit dem Salz anschlagen, den Zucker nach und nach hinzufügen und alles zu steifem Schnee schlagen.

Den Backofen auf 180 °C (Umluft 160 °C; Gas Stufe 2) vorheizen. Den Eischnee nach und nach mit gesiebtem Mehl, Kakaopulver und den Walnüssen unter die Eigelbmasse heben. Eine Springform von 26 cm Durchmesser mit Butter ausfetten und Mehl ausstäuben. Die Masse hineinfüllen, glatt streichen und im heißen Ofen etwa 45 Minuten backen. Anschließend herausnehmen, aus der Form lösen und abkühlen lassen.

Die Maronen mit 150 g Sahne weich kochen. Durch die »Flotte Lotte« (Passiermühle) drehen und kalt stellen. Den Puderzucker und den Rum hinzufügen und alles gut verrühren.

Die übrige Sahne steif schlagen. Davon ein Drittel beiseite stellen. Das Maronenpüree unter die Sahne heben. Die Torte zweimal durchschneiden, mit der Maronensahne füllen und wieder zusammensetzen.

Die gefüllte Torte mit der beiseite gestellten Sahne oben und an den Seiten bestreichen und mit einem Spritzbeutel auf die Oberfläche kleine Tupfen spritzen. Die Mandeln in einer Pfanne ohne Fett rösten und den Tortenrand damit verzieren. Die fertige Maronen-Sahne-Torte mit Schokoladenröllchen bestreuen und vor dem Servieren gut kühlen.

Vanille-Erdbeer-Schnitte mit karamellisiertem Blätterteig auf Rhabarber-Ingwer-Kompott

4 Personen
braucht Zeit

für den Blätterteig

Backpapier für das Blech
250 g TK-Blätterteig
150 g Puderzucker und Puderzucker zum Bestreuen

für die Creme

1 Vanilleschote
200 g Sahne
80 g Zucker
6 Eigelb
5 Blatt Gelatine
1 TL Zitronensaft
2 EL Orangenlikör
100 ml geschlagene Sahne
400 g Erdbeeren

für das Kompott

600 g Rhabarber
80 g Honig
1 EL gehackter Ingwer
1 Zimtstange
abgeriebene Schale von 1 Limette
2 EL Grenadine-Sirup
100 ml Weißwein

Den Backofen auf 220 °C (Umluft 200 °C; Gas Stufe 4) vorheizen. Ein Blech mit Backpapier auslegen. Blätterteig zu einem 3 mm dicken, 20 × 30 cm großen Rechteck ausrollen und darauf legen. Mit einem Gitter beschweren und im Ofen 10 Minuten backen. Herausnehmen und in 5 × 10 cm große Rechtecke schneiden. Diese auf einer Seite mit der Hälfte des Puderzuckers bestreuen und unter dem Grill goldbraun karamellisieren. Abkühlen lassen, umdrehen und den Vorgang auf der zweiten Seite wiederholen.

Für die Creme die Vanilleschote aufschlitzen und das Mark herauskratzen. Sahne, Zucker und Vanillemark in einem Topf aufkochen. Vom Herd nehmen, ein Drittel davon mit den Eigelben verrühren. Wieder in den Topf geben und auf dem Herd unter Rühren stehen lassen, bis die Creme andickt. Diese durch ein Sieb streichen. Gelatine in kaltem Wasser auflösen und unterrühren, erkalten lassen. Zitronensaft sowie Likör unterrühren, die Sahne unterheben.

Für das Kompott den Rhabarber waschen, putzen, schälen und längs halbieren. Die Hälften in 3 cm lange Stücke schneiden. Den Honig in einem Topf erhitzen. Ingwer, Zimstange, Limettenschale und Grenadine-Sirup dazugeben. Mit dem Weißwein ablöschen und auf die Hälfte reduzieren. Den Rhabarber hinzufügen, alles einmal aufkochen und so lange ziehen lassen, bis der Rhabarber bissfest ist. Abkühlen lassen und die Zimtstange entfernen.

Erdbeeren waschen und putzen. Ein Blätterteigrechteck auf einen Teller legen, etwas Creme darauf geben. Erdbeeren darauf drücken. Erneut Creme darauf geben und ein zweites Blätterteigrechteck darauf setzen und die Oberfläche mit Puderzucker bestreuen. Mit dem Kompott servieren.

Apfelkuchen mit Karamellsauce

12 Stücke
braucht Zeit

für den Teig
200 g Butter
100 g Zucker
2 Eier
300 g Mehl
Butter für die Form

für die Füllung
1 kg Boskop
100 g Walnusskerne
1 Vanilleschote
Saft und abgeriebene Schale von
1 unbehandelten Zitrone
4 EL Calvados
1 Msp. gemahlener Zimt
60 g Zucker
60 g Marzipan

für die Haube
100 g Butter
100 g Puderzucker
3 Eier
Mark von 1 Vanilleschote
1 Prise Salz
60 g Zucker
100 g Mehl
2 EL Milch

für die Sauce
125 g Zucker
180 g Sahne
6 EL Winterapfellikör

Für den Teig die Butter mit dem Zucker nicht zu schaumig verrühren und die Eier langsam unterrühren. Das Mehl nach und nach darunter arbeiten. Den Teig in Frischhaltefolie wickeln und im Kühlschrank etwa 2 Stunden ruhen lassen. Dann eine Springform von 28 cm Durchmesser mit Butter ausfetten. Den Teig etwa 5 mm dick ausrollen und flach hineinlegen.

Für die Füllung die Äpfel schälen, vierteln, vom Kerngehäuse befreien und blättrig schneiden. Die Nüsse grob hacken. Die Vanilleschote aufschlitzen und das Mark herauskratzen.

Die Äpfel mit Zitronensaft und -schale, Walnüssen, Vanillemark, Calvados, Zimt und Zucker vermengen und gleichmäßig auf dem Teig verteilen. Marzipan grob über die Apfelmasse reiben.

Den Backofen auf 160 °C (Umluft 140 °C; Gas Stufe 1) vorheizen.

Für die Haube die Butter mit dem Puderzucker sehr schaumig aufschlagen. Die Eier trennen. Die Eigelbe nach und nach dazugeben und weiter schlagen. Die Vanilleschote aufschlitzen, das Mark auskratzen und zufügen. Eiweiße mit Salz und Zucker steif schlagen. Die Hälfte vom Eischnee mit Mehl und Milch zur Grundmasse geben und gut vermengen, den restlichen Eischnee unterheben. Die Masse gleichmäßig auf den Äpfeln verteilen und den Kuchen im heißen Ofen etwa 1 Stunde 15 Minuten backen.

Für die Sauce den Zucker in einer Pfanne karamellisieren lassen. Die Sahne aufkochen und dazugießen, gut einkochen lassen. Mit dem Winterapfellikör abschmecken und zu dem mit Puderzucker bestäubten Apfelkuchen servieren. Der Apfelkuchen kann sowohl warm als auch abgekühlt mit der Karamellsauce serviert werden.

Orangencharlotte

6–8 Personen
braucht Zeit

für die Löffelbiskuits

2 Eier
25 g Puderzucker
35 g Zucker
½ Vanilleschote
Schale von ½ unbehandelten Zitrone
Schale von ½ unbehandelten Orange
75 g Mehl
Puderzucker zum Bestreuen

für die Creme

8 Blatt Gelatine
5 Eigelb
100 g Puderzucker
Saft von 2 Orangen
500 g Sahne
8 EL Orangenlikör
2 Eiweiß
30 g Zucker

für die Garnitur

Schale von 2 unbehandelten Orangen
7 EL Grenadine-Sirup
geschlagene Sahne
Saisonfrüchte

Den Backofen auf 180 °C (Umluft 160 °C; Gas Stufe 2) vorheizen. Das Backblech mit Backpapier auslegen. Die Eier trennen. Die Eigelbe schaumig schlagen. Den Puderzucker einrieseln lassen, so lange weiter schlagen, bis eine schaumige Masse entsteht.

Die Eiweiße mit dem Zucker steif schlagen. Die Vanilleschote aufschlitzen und das Mark herauskratzen. Vanillemark, Zitronen- und Orangenschale in die Eigelbmasse geben. Abwechselnd das gesiebte Mehl und den Eischnee unterheben. Die Masse in einen Spritzbeutel mit Lochtülle füllen und etwa 25 Löffelbiskuits auf das Backblech spritzen. Dick mit Puderzucker bestreuen und im heißen Ofen etwa 10 Minuten backen.

Die Gelatine in kaltem Wasser einweichen. Die Eigelbe mit dem Puderzucker und dem Orangensaft über dem heißen Wasserbad schaumig schlagen. 100 g Sahne unter ständigem Rühren dazugießen. Den Likör unterrühren. Die Gelatine ausdrücken und darin auflösen. Vom Wasserbad nehmen, die Creme abkühlen lassen, zwischendurch mit einem Schneebesen durchrühren.

Die übrige Sahne steif schlagen. Die Eiweiße mit dem Zucker zu steifem Schnee schlagen. Zuerst die Sahne, dann den Eischnee unter die leicht gelierte Creme heben. Eine Charlottenform von 18 cm Durchmesser mit Löffelbiskuits auslegen. Die Creme darauf verteilen und das Dessert etwa 4 Stunden kalt stellen.

Die Orangenchale in Streifen schneiden. In Grenadine-Sirup etwa 5 Minuten kochen, beiseite stellen und abkühlen lassen. Die Orangencharlotte stürzen, mit den Orangenschalenstreifen, der geschlagenen Sahne und den Früchten der Saison dekorieren.

Überbackene Weincreme

6–8 Personen
braucht Zeit

für die Creme

4 Blatt Gelatine
½ l Weißwein
120 g Zucker
Saft und Schale von 1 unbehandelten Zitrone
¼ l Wasser
12 Eigelb
2 EL Speisestärke
1 Vanilleschote

für die Frucht-Baiser-Haube

350 g blaue und grüne Weintrauben
6 Eiweiß
100 g Zucker

Die Gelatine in kaltem Wasser einweichen. Etwas von dem Wein mit 120 g Zucker in einem Topf aufkochen lassen. Die Gelatine ausdrücken, dazugeben und darin auflösen. Den Zitronensaft, den restlichen Wein und das Wasser unter die Weinmischung rühren und den Topf vom Herd nehmen.

In einem zweiten Topf die Eigelbe mit der Speisestärke verrühren. Nach und nach die Weinmischung bei schwacher Hitze unter ständigem Rühren hinzufügen.

Das Mark aus der Vanilleschote herauskratzen. Die Zitronenschale, die Vanilleschote und das Mark zur Creme hinzufügen. Die Weincreme bis kurz vor dem Kochen aufschlagen. Anschließend in einer Küchenmaschine kalt schlagen. Die Creme in eine Auflaufform füllen und im Kühlschrank zugedeckt 3 Stunden kühlen.

Die Weintrauben waschen, halbieren, entkernen und auf die gestockte Weincreme geben. Die Eiweiße und den Zucker zu sehr steifem Eischnee schlagen. Den Eischnee mit einem Spritzbeutel auf die Weintrauben spritzen. Die Weincreme unter dem Backofengrill goldbraun überbacken. Das Dessert mit Fruchtsaucen servieren.

Mousse au chocolat »Tricolor« mit geeister Vanille-Mokka-Sauce

4 Personen
braucht Zeit

für die erste Mousse
1 Blatt Gelatine
130 g Vollmilchschokolade
20 g Zartbitterschokolade
1 Ei
2 EL Wasser
2 EL Rum
250 g geschlagene Sahne

für die zweite Mousse
2 Blatt Gelatine
140 g weiße Schokolade
2 Eigelb
2 EL Wasser
4 EL Orangenlikör
abgeriebene Schale von
½ unbehandelten Orange
250 g geschlagene Sahne

für die dritte Mousse
130 g Zartbitterschokolade
1 Ei, 2 EL Wasser
etwas Mokkapulver (löslicher Kaffee)
250 g geschlagene Sahne

für die Sauce
1 Vanilleschote
125 g Sahne
⅛ l Milch
40 g Zucker
1 EL Espressopulver (Instant)
3 Eigelb
2 Kugeln Vanilleeis

Für die erste Mousse die Gelatine in kaltem Wasser einweichen. Beide Schokoladensorten schmelzen. Das Ei mit dem Wasser in einer Schüssel im heißen Wasserbad aufschlagen. Die Gelatine und die Schokolade dazugeben. Den Rum hinzufügen. Die Mischung glatt rühren und die geschlagene Sahne unterheben. Die Mousse in eine mit Klarsichtfolie ausgelegte Terrinenform füllen und 35 Minuten kalt stellen.

Für die zweite Mousse die Gelatine in kaltem Wasser einweichen. Die Schokolade schmelzen. Die Eigelbe mit dem Wasser in einer Schüssel im heißen Wasserbad aufschlagen. Die Gelatine darin auflösen. Den Orangenlikör, die Schokolade und die abgeriebene Orangenschale darunter rühren und die geschlagene Sahne unterheben. Die zweite Mousse auf die angestockte erste Mousse streichen und die Form gut 2 Stunden kalt stellen.

Für die dritte Mousse die Schokolade schmelzen. Das Ei mit dem Wasser und dem Mokkapulver in einer Schüssel im heißen Wasserbad aufschlagen. Die Schokolade dazugeben, glatt rühren und die Sahne unterheben. Die Mousse auf die ersten beiden Schichten streichen und das Dessert etwa 2 Stunden kühlen.

Für die Sauce die Vanilleschote aufschlitzen und das Mark herauskratzen. Vanilleschote und Vanillemark, Sahne, Milch, Zucker und Espressopulver aufkochen lassen. Die Eigelbe in die Kaffee-Vanille-Milch geben und alles so lange kräftig rühren, bis die Sauce bindet. Vom Herd nehmen, durch ein Sieb passieren, abkühlen lassen und gut kühlen.

Das Vanilleeis in die Sauce geben und alles mit dem Stabmixer schaumig mixen. Die Mousse aufschneiden und mit der geeisten Vanille-Mokka-Sauce anrichten. Eventuell mit Früchten garnieren.

Meine Menüvorschläge

Ein Menü für festliche Anlässe

Ein Frühlingsmenü

Ein leichtes Sommermenü

Ein Menü für den Herbst

Ein Menü für den Winter

Ein Weihnachtsmenü

Glossar

Ablöschen: Angebratenes Fleisch, Knochen oder Gemüse mit einer kalten oder warmen Flüssigkeit (Fleischbrühe, Wein u.a.) übergießen.

Aceto Balsamico: Balsamessig wird aus dem Most der italienischen Trebbiano-Trauben hergestellt und vor Verkauf in der Regel in Eichen- oder Kastanienfässern gelagert. Balsamessig reift mindestens 4–5 Jahre, er kann sogar bis zu 40 Jahren reifen. Je höher sein Alter, desto aromatischer und konzentrierter ist er.

Amarettini: Kleine Mandelmakronen mit leicht bitterem Geschmack. Es gibt sie weich oder hart zu kaufen.

Aprikotieren: Gebäckstücke mit erhitzter und passierter Aprikosenkonfitüre überziehen.

Blanchieren: Die meist klein geschnittenen Lebensmittel kurz in sprudelnd kochendem, manchmal gesalzenem Wasser garen und dann in kaltem Eiswasser abschrecken, um den Garprozess zu unterbrechen. Dadurch behalten die Lebensmittel Biss, Farbe und Vitamine.

Blindbacken: Mit Mürbeteig ausgelegte Form wird mit getrockneten Hülsenfrüchten gefüllt und gebacken. So behält der Teig seine Form, schlägt keine Blasen und der Rand kann nicht herunterrutschen.

Buchweizen: Streng genommen ist er gar kein Getreide, sondern gehört zur Familie der Knöterichgewächse. Doch da die geschälten Samen denen des Getreides ähneln, zählt man sie dazu. Buchweizen schmeckt nussartig. Zu kaufen gibt es ihn als ganze Körner, Schrot oder Mehl.

Carpaccio: Ursprünglich hauchdünn aufgeschnittenes rohes Rindfleisch, gewürzt mit Salz, Pfeffer, Zitronensaft und Olivenöl. Heute auch Bezeichnung für hauchdünne Scheiben anderer Lebensmittel mit einer säuerlichen Marinade.

Cashewnüsse: Kommen geschält, geröstet und teilweise auch gesalzen in den Handel und schmecken mild-süßlich.

Chutney: Süß-säuerliche Gewürzmarmelade aus klein geschnittenen Früchten oder Gemüse, meist gewürzt mit Essig, Zucker und Pfeffer. Chutneys werden in großer Zahl bereits fertig angeboten, auf den Etiketten ist jeweils der Schärfegrad angegeben.

Dämpfen: Beim Dämpfer werden die Nahrungsmittel in Wasserdampf gegart. Es ist die sanfteste Art der Zubereitung, denn der Wasserdampf laugt die Nährstoffe wenig aus. Dämpfen eignet sich besonders für empfindliche Zutaten wie zartes Gemüse, Fisch und Krustentiere. Geeignete Kochgeräte sind der Schnellkochtopf mit Siebeinsatz und der Wok.

Estragon: Würzt Kalbfleisch, Geflügel, Fisch, Eier und Salatsaucen sehr gut. Estragon duftet wie eine Mischung aus Waldmeister und Anis.

Feldsalat: Seine Blätter schmecken herb und etwas nussartig. Feldsalat wird mit und ohne Wurzeln angeboten. Da er meist sehr sandig ist, muss er gründlich gewaschen werden. Nach dem Waschen muss er sorgfältig trockengetupft oder -geschleudert werden, da er Feuchtigkeit verabscheut.

Filetieren: Zum Filetieren von Zitrusfrüchten die Schale (auch die weiße, pelzige Haut) vollständig entfernen. Dann mit einem kleinen, scharfen Messer neben einer Trennwand bis zur Mitte hin einschneiden. Mit einem zweiten Schnitt neben der zweiten Trennwand das Filet herauslösen.

Fond: Ein konzentrierter Auszug aus Knochen und Fleischabschnitten, Wild, Krustentieren oder Fisch mit Gemüse und Kräutern lange gekocht und entfettet. Fonds gibt es in verschiedenen Geschmacksrichtungen fertig zu kaufen.

Friséesalat: Er ist der krause Bruder des Endiviensalates. Charakteristisch für ihn sind seine feingliedrigen Blätter, die innen gelb und außen grün sind. Frisée schmeckt würzig-herb bis leicht bitter.

Garprobe bei Fleisch: Es gibt verschiedene Methoden, um zu prüfen, ob Fleisch gar ist. Entweder Sie stechen mit einer Nadel hinein und führen sie an die Lippen. Ist sie heiß, ist das Fleisch gar. Oder Sie stechen mit der Nadel ins Fleisch und prüfen, ob klarer Fleischsaft austritt. Ist dies der Fall, ist das Fleisch gar.

Garprobe bei Fisch: Stechen Sie mit einem kleinen Messer in das Filet und öffnen Sie die Schnittstelle etwas, sodass Sie ins Innere sehen können. Ist der Fisch innen nur noch ganz leicht glasig, ist er gar.

Gelatine: Geliermittel, hergestellt aus tierischem Eiweiß. Ist in Pulver- und Blattform erhältlich. 1 Blatt Gelatine entspricht etwa 2 g Pulver.

Gratinieren: Das Überbacken von Gerichten, bis sie goldbraun sind oder eine leichte Kruste haben. Das geschieht im Backofen oder Grill. Zum Gratinieren eignen sich fast alle Lebensmittel. Sie werden – roh oder bereits gegart – mit Sahne oder anderer Flüssigkeit begossen und mit Käse, Brot oder Butterflöckchen belegt. Als Gefäße eignen sich feuerfeste Formen.

Jus: Brauner Fleischsaft, meist konzentriert eingekocht, auch Bezeichnung für andere konzentrierte Saucen.

Karamellisieren: Zucker in einer Pfanne oder einem Topf schmelzen lassen und erhitzen, bis er eine hell- bis dunkelbraune Farbe annimmt.

Kardamom: Hat ein feines, süßliches Aroma. Er passt zu Reis- und Currygerichten, aber auch zu Desserts und Weihnachtsgebäck.

Kerbel: Seine Blätter schmecken leicht süßlich, ein bisschen wie Fenchel und Anis. Kerbel passt zu Eiergerichten, Cremesuppen, Quark und Joghurt sowie zu Kalbfleisch und Fisch. Kerbel sollte niemals lange mitgekocht werden.

Koriander: Die ähnlich wie Petersilie aussehenden Blättchen haben ein streng-scharfes Aroma, welches besonders asiatischen Gerichten eine feine Geschmacksnote verleiht.

Limetten: Werden auch Limonen genannt. Sie sind kleiner, milder und wesentlich saftiger als Zitronen.

Linsensprossen: Schmecken süß und leicht nussartig. Linsen müssen ca. 12 Stunden eingeweicht werden. Nach 3 Tagen können die Sprossen geerntet werden. Verwendung: als Rohkost oder im Salat, für Dips und zu Pilzgerichten.

Marinade: Würzige Flüssigkeit aus (verdünntem) Essig oder Wein, auch aus Butter- oder Sauermilch, aus Zitronensaft mit Gemüsen, Kräutern und Gewürzen. Eine Marinade dient der Geschmacksverbesserung und dem kurzen Haltbarmachen von Nahrungsmitteln.

Maronen: Sind essbare Kastanien. Sie sind sehr nahrhaft und sättigend, enthalten reichlich Ballaststoffe, aber wenig Fett.

Panieren: Eier auf einem Teller mit der Gabel verquirlen. Auf einen anderen Teller die Semmelbrösel geben. Und auf einen dritten Teller gesiebtes Mehl geben. Fleisch zunächst kurz im Mehl wenden, nicht anhaftendes Mehl abklopfen. Dann beide Seiten durch das Ei ziehen und leicht abtropfen lassen. Zuletzt beide Seiten in die Semmelbrösel drücken. Überschüssige Brösel sanft abklopfen. Dann braten.

Passieren: Das Kochgut durch ein Sieb oder ein Passiertuch gießen oder streichen, um eine reine Sauce oder Creme zu erhalten.

Pastinaken: Sind ein spindelförmiges Wurzelgemüse mit aromatisch-würzigem Geschmack, der ein wenig an Maggi erinnert. Man kann sie sowohl roh als auch gegart essen. Vor der Verwendung müssen die Wurzeln gut gewaschen und eventuell geschält werden.

Petersilienwurzeln: Sind kleine spindelförmige Wurzeln mit kräftigem, leicht süßlichem Geschmack. Sie werden häufig nur zum Würzen verwendet, schmecken auch als Gemüse sehr gut.

Piment: Schmeckt ähnlich wie Nelken und ist nicht ganz so scharf wie Pfeffer. Er kann aber wie dieser verwendet werden.

Pinienkerne: Schmecken süßlich und werden meist geschält, oft auch geröstet verkauft.

Quiche: Herzhafter, flacher Kuchen aus Mürbe- oder Blätterteig, original mit Eiern, Crème fraîche, Milch und Sahne, heute auch mit Speck, Schinken, Zwiebeln oder Gemüse belegt.

Reduzieren: Wird auch eindicken oder einkochen genannt. Dabei wird das Wasser im Bratensaft, in der Brühe, in Fonds, Marinaden, Sahne, Saucen und Suppen durch Kochen bei großer Hitze zum Verdampfen gebracht, um ein Konzentrat von intensivem Geschmack zu erhalten.

Safran: Er färbt zum Beispiel Paella, aber auch Plätzchen und Kuchen goldgelb. Die Fäden müssen immer in heißem Wasser aufgelöst werden.

Saibling: Ist ein 20 bis 40 cm großer, forellenartiger Fisch. Sein lachsfarbenes Fleisch schmeckt pochiert und kurzgebraten am besten. Es gibt Bach- und Seesaiblinge.

Sauce Hollandaise: Sauce aus in Essig und Wasser eingekochten Zwiebeln und zerdrückten weißen Pfefferkörnern. Wird im Wasserbad mit Eigelben und kaltem Wasser aufgeschlagen, mit warmer Butter verfeinert, leicht gesalzen, mit etwas Zitronensaft und wenig Pfeffer gewürzt und passiert. Muss lauwarm serviert werden. Passt zu Fisch, Krusten- und Schalentieren, feinem Gemüse und Eierspeisen.

Schmand: Auch löffelfester Sauerrahm oder Saure Sahne extra genannt, ist ein gesäuertes Sahneprodukt mit einem Fettgehalt von 20 bis 29 Prozent.

Schmoren: Ist eigentlich ein Mittelding zwischen Kochen und Braten und eignet sich für besonders kräftig schmeckende Fleischgerichte wie Gulasch und Schmorbraten. Geschmort werden kann im Backofen oder auf der Herdplatte. Wichtig beim Schmoren: Der Topfboden muss ständig mit Flüssigkeit bedeckt sein. In der Regel muss man mit 1½ Stunden Schmorzeit rechnen.

Stabmixer: Er kann mixen und pürieren. An ihm sitzt unten ein Messer, das sich zehnmal schneller dreht als die Quirle des Handrührgerätes. Es gibt auch Geräte, die man auf einen Zerkleinerer setzen kann, der Zwiebeln, Kräuter und Nüsse fein hackt. Stabmixer kann man direkt in den Topf halten, um Suppen und Saucen zu pürieren. Sie beschädigen den Topfboden nicht.

Tomaten häuten: Die Tomate unten in der Mitte mit einem Messer über Kreuz leicht einritzen und sie dann für ca. 10 Sekunden in kochendes Wasser tauchen. Herausnehmen und sofort kalt abschrecken. Die sich leicht abgelöste Haut vorsichtig abziehen.

Tranche: Anderer Begriff für Scheibe oder Schnitte.

Vinaigrette: Salatsauce aus Essig, Salz, Gewürzen und Öl. Die klassische Vinaigrette enthält 1 Teil Essig und 3 Teile Öl. Dressing ist ebenfalls eine Salatsauce, die auch andere Zutaten enthalten kann.

Velouté: Eine weiße Grundsauce, die aus einer Mehlschwitze hergestellt wird. Darin wird weißer Kalbsfond aufgekocht und mit Gewürzen verfeinert.

Wasserbad: Für ein Wasserbad Wasser in einem großen Topf auf 75–85 °C erhitzen und dann auf mittlere Temperatur zurückschalten. In den heißen Wasserdampf eine Schüssel mit der Sauce oder der Creme hängen und ständig rühren. Im Wasserbad werden Lebensmittel gegart oder erwärmt, die bei höherer Temperatur gerinnen oder ausflocken würden.

Zander: Ist das Feinste, was unsere Seen zu bieten haben. Sein weißes Fleisch ist zart und mild im Geschmack. Doch Vorsicht beim Schuppen! An seinen spitzen, mit Schleim überzogenen Stacheln kann man sich leicht verletzen.

Zauberstab: Siehe Stabmixer.

Grundrezepte für Fonds

Geflügelfond

für ca. 1 ½ Liter

1 Suppenhuhn
1 kg Geflügelknochen
500 g Wurzelgemüse
150 g Champignons
50 ml Öl
200 ml Weißwein
1 Lorbeerblatt
2 Nelken
50 g Petersilie
2 Thymianzweige
Salz

Huhn und Knochen grob hacken. Wurzelgemüse und Champignons grob würfeln und im Öl farblos andünsten. Huhn und Knochen hinzufügen und mit anbraten. Mit Wein ablöschen. Lorbeer, Nelken und Kräuter hinzufügen und 2 ½ l Wasser angießen. Etwas salzen, aufkochen und abschäumen. Bei schwacher Hitze ca. 1 ½ Stunden offen köcheln lassen, dabei öfter abschäumen. Den fertigen Fond durch ein Tuch passieren. Bis zur Weiterverwendung kühl stellen.

Kalbsfond

für ca. 1 ½ Liter

2 kg Kalbsknochen
500 g Wurzelgemüse
150 g Champignons
50 ml Öl
200 ml Weißwein
1 Lorbeerblatt
2 Nelken
50 g Petersilie
2 Thymianzweige
Salz

Die Knochen grob hacken. Wurzelgemüse und Champignons grob würfeln und im Öl farblos andünsten. Knochen hinzufügen und mit anbraten. Mit Wein ablöschen. Lorbeer, Nelken und Kräuter hinzufügen und 2 ½ l Wasser angießen. Etwas salzen, aufkochen und abschäumen. Bei schwacher Hitze ca. 1 ½ Stunden offen köcheln lassen, dabei öfter abschäumen. Den fertigen Fond durch ein Tuch passieren. Bis zur Weiterverwendung kühl stellen.

Fischfond

für ca. ¼ Liter

500 g Fischgräten
1 Schalotte
1 kleine Möhre
½ Stange Staudensellerie
2 Knoblauchzehen
3 EL Olivenöl
20 weiße Pfefferkörner
1 TL grobes Meersalz
1 Dillzweig
1 Thymianzweig
3 Lorbeerblätter
¼ l Weißwein

Die Gräten so lange unter kaltem Wasser abspülen, bis es klar abläuft, dann klein schneiden. Gemüse und Knoblauch schälen und klein würfeln. Gemüse im Öl andünsten. Gräten, Gewürze und Kräuter hinzufügen und kurz mitdünsten. Mit dem Wein ablöschen und ½ l kaltes Wasser angießen. Fond aufkochen, abschäumen und bei mittlerer Hitze 15–20 Minuten köcheln lassen. Durch ein Tuch passieren und bis zur Weiterverwendung kühl stellen.

Alphabetisches Rezeptverzeichnis

Von Johann Lafer sind im Bassermann Verlag zahlreiche Titel erschienen. Sie erhalten sie überall dort, wo es Bücher gibt.

Sie finden uns im Internet unter: **www.bassermann-verlag.de**

Wenn Sie Fragen zu speziellen Formen oder Küchengeräten haben, die in den Rezepten verwendet werden, wenden Sie sich bitte an folgende Adresse: Johann Lafer's Table d'Or GmbH, Hauptstraße 3, 55452 Guldental

Der Verlag dankt der Firma WMF Aktiengesellschaft in Geislingen/Steige für die freundliche Unterstützung.

ISBN: 978-3-8094-2479-6

Umschlaggestaltung: Grafisches Büro Rothe und Rothe, Niedernhausen

Layout und Satz: Johannes Steil, Hamburg

Redaktion: Bettina Snowdon

Redaktion dieser Ausgabe: Anja Halveland

Bildredaktion: Elisabeth Franz

Rezeptfotos: Wolfgang Feiler, Karlsruhe,
außer: Seite 33, 59, 69 – Falken Verlag/Walter Cimbal

Weitere Fotos im Innenteil: Seite 2 – Johann Lafer, Seite 4 – Stefan Dintelmann, Groß Gerau, Seite 9, 10, 11 – WMF Aktiengesellschaft in Geislingen/Steige

Druck und Verarbeitung: Mohn media Mohndruck, Gütersloh

Printed in Germany

FSC
Mix
Produktgruppe aus vorbildlich bewirtschafteten Wäldern und anderen kontrollierten Herkünften
www.fsc.org Zert.-Nr. SGS-COC-1425
© 1996 Forest Stewardship Council

Verlagsgruppe Random House
FSC-DEU 0100
Das für diesen Titel verwendete FSC-zertifizierte Papier *Allegro* halbmatt wurde produziert von Sappi Biberist und geliefert durch Berberich.

817 2635 4453